The Amish of Lancaster Country

アーミッシュの昨日・今日・明日

ドナルド・B・クレイビル
ダニエル・ロドリゲス　写真
杉原 利治＋大藪 千穂　訳

論創社

日本語版への序

私は、古くからの友人であり、共同研究者である岐阜大学の杉原利治、大藪千穂両博士が、私の著書“The Amish of Lancaster County”をすばらしい日本語で訳出され、出版されたことに心から感謝します。そしてまた、日本の人々が、アーミッシュを学ぼうとしていることに、とても興味をおぼえます。この本は、日本語に訳された私の著作の四冊目にあたります。多くの日本の読者が私の本を読んでくださっており、とても幸せです。

私のアーミッシュの友人のひとりが歴史図書館を開いており、そこにはアーミッシュに関する日本語の本が二〇冊あります。アーミッシュについての日本の関心は、連邦最高裁がアーミッシュの八年制教育を正式なものと認める決定を伝えたジャパンタイムズ(一九七二年頃)にさかのぼると思います。日本語で書かれた最初の本は、坂井信生教授による『アーミッシュ研究』(一九七三年)でしょう。アメリカ映画『目撃者』も、日本、そして世界中で、アーミッシュに対する興味を喚起しました。

私は、アーミッシュを二五年間研究してきました。そして、いくつかの点でとても興味をそそられています。とくに、近代ハイテク社会であるアメリカのまっただ中で、彼らのコミュニティが、どのようにして多くの伝統的実践を維持するかに興味をもっています。彼らが、圧倒的なアメリカ文化とどのように交渉をするかを興味深く観察、研究しています。どの習慣を保持し、どれを放棄するかを。そして、自分たちの伝統的実践を完全に失うことなく、近代社会の中で生き抜くために、彼らが近代社会と結んできた文化的妥協の数々を研究しています。乗るのは良いけれど所有は禁止された自動車、家屋内は禁止だが屋外設置は許可された電話などです。

私には、アーミッシュと日本人が、互いに似通った社会的価値観を共有していると思われます。コミュニティ、家族、協同、簡素、謙虚などを大切にすることです。いつの日か、これらの類似性について、深く研究してみたいと思っています。最後に、日本の読者がこの本から多くのものを学んでいただけることを切望します。

ドナルド・B・クレイビル

二〇〇九年二月

目次

題字／沙 羅
装幀／中嶋デザイン事務所

1

ランカスター郡のアーミッシュ

ペンシルベニア州ランカスター郡は、長年、全世界の庭園地として名声を博してきた。この地が、すばらしい農業地帯として有名になったのは、ランカスター地区のアーミッシュによるところが大きい。アメリカの中で、最も多彩で興味深い宗教グループとして、彼らの名声は、東ペンシルベニアをはるかに越えた所にまでおよんでいる。実際、毎年、八三〇万人もの観光客が、アーミッシュの生活を一目見ようとランカスター郡へやってくる。

アーミッシュ居住地は、ペンシルベニア州三四郡にわたっているが、ペンシルベニア・アーミッシュ、五七、〇〇〇人の約半数は、ランカスター郡に住んでいる。この地域は、アメリカで最も古く、そして最も人口密度の高いアーミッシュ居住地である。アメリカで最大のアーミッシュ居住地はオハイオ州ホルムズ郡であるが、ランカスター郡はそれに次いでの規模である。ホルムズ郡には、約二七、〇〇〇人の大人と子供が住んでいる。その約半数は、一八歳以下である。

炎天下、アルファルファの干し草を梱包している家族に自家製ハーブティーを運んでいる３人の少女たち。

一九〇〇年代初頭、ランカスター・アーミッシュは五〇〇人ほどにすぎなかった。一世紀後、彼らの人口は、二七、〇〇〇人、そして、ランカスター地域以外にも、一〇、〇〇〇人を数えるまでに増加した。ランカスター郡居住地の拡大は、アーミッシュ全体の発展を表している。全米二七州とカナダ、オンタリオ州に居住する彼らの人口は、子供と大人を合わせて、今や二二万人にのぼっている。アメリカのアーミッシュの半数以上は、オハイオ州、ペンシルベニア州、そしてインディアナ州に住んでいる。地理学的には、居住地が三七〇あり、そこに、約一六〇〇の教区が存在する。

コミュニティが異なれば、やり方も異なる。ランカスター・コミュニティでは自動搾乳機はあたりまえであるが、ランカスター郡以外では禁止のところもある。他地域の場合、黒、黄、白色などの屋根のバギーに乗る。それに対して、ランカスター・アーミッシュのバギーは灰色だ。ランカスター・アーミッシュの多くは、動力芝刈り機を使用しないし、自転車にも乗らない。しかし、別のグループでは、これらの利用が認められている。ランカスター・アーミッシュは、屋内配管と近代的バスルームを設けている。まったく対照的に、伝統を重んじる他地区のアーミッシュのなかには、屋外トイレを使用する人たちがいる。一般的に、科学技術の利用という点で、ランカスター郡のアーミッシュは、進歩的なグループのひとつに入るだろう。

このような多様性にもかかわらず、北アメリカを通じて見られるいくつかの共通的特徴が、彼らのアイデンティティを表し、オールドオーダー・アーミッシュをひとつにまとめている。馬とバギーによる移動、馬による機械の牽引、多くの形はあるが簡素な衣服、男性のあごひげ（口ひげは無し）、女性の礼拝用の帽子、訛りのあるペンシルベニアダッチ、家での祈り、自前の一教室制学校、そして、公共の電気の利用禁止。これらは連帯の象徴であり、アーミッシュをひとつに結びつけているると同時に、外の大きな世界との境界をも表している。

ランカスター郡の南部と東部に広がったアーミッシュ・コミュニティは、一六〇の教区、すなわ

アルファルファは、伝統的酪農場で、乳牛用干草になる主要作物である。この農夫は、干草を集めて列にして、次の日に梱包するための準備をしている。ラバが、熊手型の農機具を引っぱっている。

ち会衆で成り立っている。各教区は、約二〇～四〇家族からなり、大人と子供を合わせて、約一六五人の規模である。小川や垣根の連なり、そして道路が各教区、すなわちそれぞれのコミュニティの社会的、宗教的単位の境界となっている。

家をすっぽり包む教区に、各家庭は参加する。教区の地理学的大きさは、アーミッシュの人口密度によって異なる。小さな教区では、一週間おきに各家庭持ち回りで行われる教会サービスへ、家族全員が歩いて行くことも多い。人数がふえると、教区は分割される。一人の監督、二～三人の説教者、一人の執事。特別な教育を受けたわけではない彼らは、共同で、責任もって、教区の運営にあた

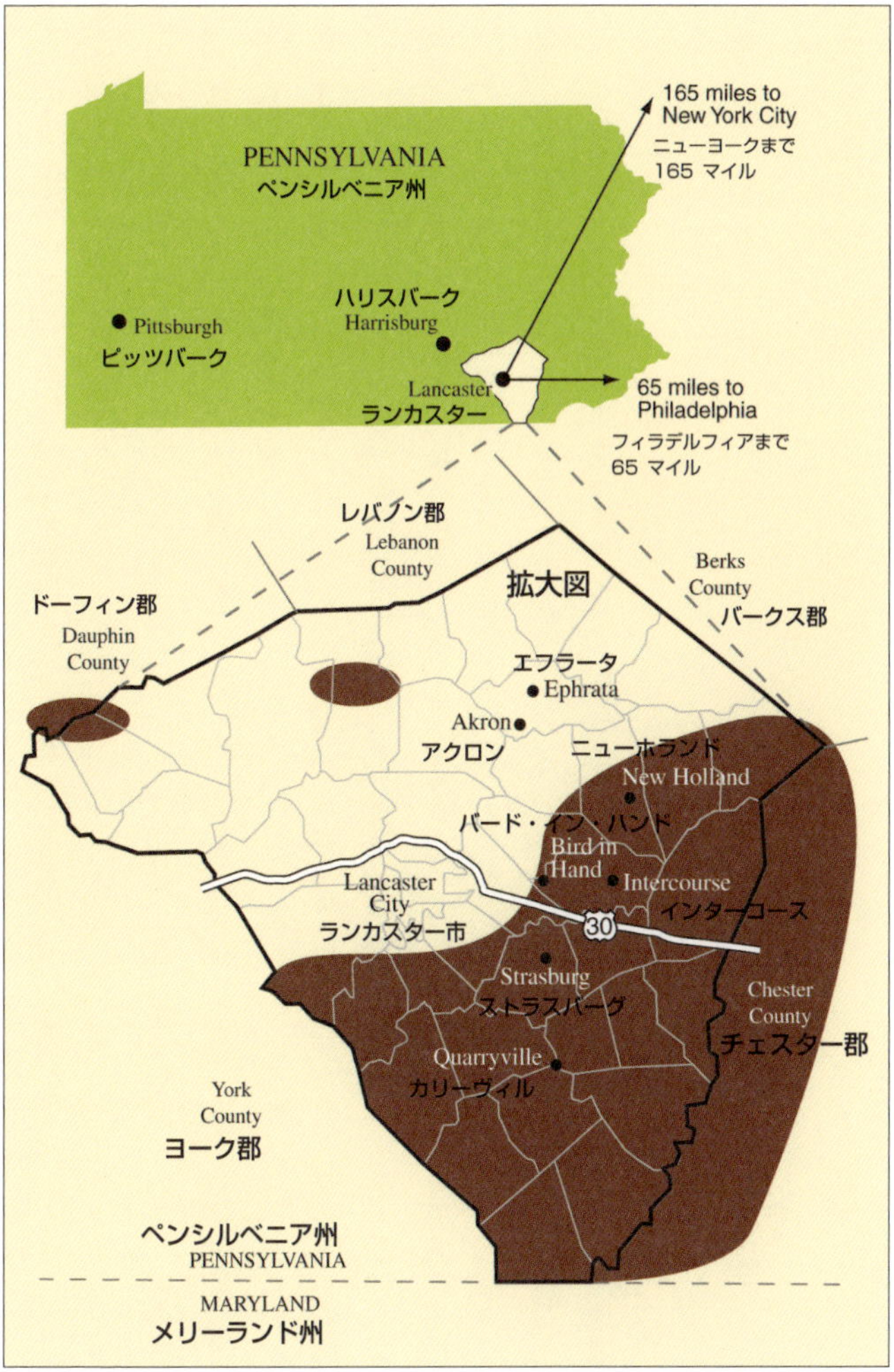

図の茶色の部分がランカスター・アーミッシュの居住地（西チェスター郡を含む）。

る。彼らは、いわゆる報酬は受けない。教区は、教会であり、クラブであり、家族であり、地域である。そして、周りのものすべてを包みこむ。それが教区なのだ。

アーミッシュは、私有財産を所有し、非アーミッシュの隣人と並んで、小さな村の田舎の小道沿いの農場で暮らしている。ランカスター郡を国道三〇号線が東西に走っているので、この居住地は地理的のみならず、社会的にも分割されている。三〇号線の南側の教区の多くは、北側よりも農民の割合が高く、保守的傾向が強い。

フィラデルフィアから西へ六五マイル、南ペンシルベニアに広がったランカスターの肥沃な土地は、都市化に直面している。実際、近年、何百もの農場が消えた。ランカスター郡はペンシルベニアで最も成長しつつある地域であり、一九七〇年から二〇一〇年の間に、一九万人の人口増加が見込まれ、総人口は五一万人に達すると予想されている。高い土地価格、どんどん広がってくる市街地、そしてアーミッシュ・コミュニティの絶え間ない拡張によって、アーミッシュ家族の中には、もっと安価な土地と田舎でのひっそりとした暮らしをもとめて、ペンシルベニア州の他地域、ケンタッキー州、インディアナ州、ウィンスコンシン州などへ移住している人たちもいる。

2 人口増加の秘密

ランカスター地域へやってくる前、一七四九年ごろ、アーミッシュの移住者たちは、隣のバーク郡に居住地をつくった。一九世紀には、さらにいくつかのアーミッシュの会衆が、ランカスター郡に定住したが、繁栄することはまったくなかった。一九〇〇年まで、アーミッシュ成人の数は五〇〇人以下であった。しかしながら、二〇世紀にはいると、事態は一変した。この地域の居住地はとても繁栄し、ペンシルベニア州の他の地域へも新しい居住地を設立すると同時に、この地の人口は二〇年毎に二倍になった。一九五〇年以来、全国のアーミッシュ人口もまた、二〇年で二倍のペースで増え続けている。このような急激な成長をもたらした秘密は何であろうか？

アーミッシュは、伝道活動を積極的には行わない。彼らは外部の人間を歓迎する。しかし、大きな文化的ギャップを飛び越えることのできる人間はほとんどいない。かわりに、高い出生率が成長の源となっている。一家族当たり平均七人の子供がいて、そのうち九五％が教会に参加するの

子供たちは、小さい頃から、特徴のある衣服を着て、ペンシルベニアダッチを話すことにより、アーミッシュ・アイデンティティに対して鋭い感覚を発達させる。

だ。ランカスター居住地では、アーミッシュ・コミュニティを離れる大人と再洗礼を受けない若者を合わせた離脱率は、一〇％以下である。このように、大人数家族と人々を引き留める率の高さが、アーミッシュの成長をもたらす要素である。

ランカスター居住地の発展には、この外に二つの要素が寄与している。文化的抵抗と文化的妥協である。アーミッシュは、コミュニティの周りに文化的垣根を築くことによって、近代的生活に抵抗してきた。エスニシティの象徴である馬、バギー、ランタン、衣服などによって、アーミッシュと近代生活との間には、明確な境界線が引かれている。これらの象徴物を毎日使うことにより、内部のアーミッシュ、そして外部の人々、いずれもが、ふたつの世界の間に横たわる文化的裂け目に思いをめぐらすのだ。

アーミッシュは、別の方法によっても、近代化の波に抵抗してきた。訛りのあるペンシルベニアダッチを話し、グループ内で結婚し、テレビを排斥し、高等教育を禁止し、外部の人たちとの社会的交わりを制限する。これらにより、外の世界に対する文化的つながりは抑制される。アーミッシュ学校は、世俗的な仲間から感化を受けないよう若者を隔離し、アーミッシュの価値を強化する。生まれてから死ぬまで、人々は、エスニシティのぶ厚い織物に包まれている。これらの文化的垣根は、アーミッシュとしてのアイデンティティを強化し、近代化への誘惑を弱めるのに役立っている。

文化的妥協もまた、彼らの発展を促進してきた。アーミッシュは、化石化した過去の遺物ではない。彼らは、絶え間なく変わり続けている。近代生活と妥協し、交渉しようとする彼らの意思は、しばしば、伝統と進歩の混在という魅惑的な状況をもたらしている。たとえば、アーミッシュの人々は車に乗っても良いが、運転をしてはいけない。電話を使うことはできるが、家の中への設置は禁止である。

アーミッシュ文化の面からみれば、取り決めによるこれらの妥協は、コミュニティの目標を達成するには、実に巧妙で合理的なやり方といえる。ばかげた反対ではなく、選択的に近代化を進めることにより、彼らは中核となる価値を保存している。文化的妥協によって、多くの利益がもたらされ、アイデンティティが強化される。このような柔軟性によって、コミュニティの経済的活力が高まり、若者の忠誠が維持されるのだ。

最後にまとめるならば、生命の再生産、文化的抵抗、そして文化的妥協、これらが組み合わさって、近代社会のまっただ中で、特色のある人々として、アーミッシュは繁栄し、発展してきたのである。

3

神話と現実

アメリカ移民の中で、アーミッシュに関しては、ロマンチックなイメージに満ちあふれている……。手で洗濯をし、野外の平炉で調理をする。このような開拓者の生活様式に固執しているといった偏見に満ちた神話がよくある。ランカスター・アーミッシュは、確かに近代的な道からはそれている。しかし、彼らもまた、ソーダを飲み、トランポリンの上で飛び跳ね、インラインスケートを楽しむのである。アーミッシュの生活は、ゆったりとしたペースと心地よい満足をもたらしてくれるが、決して牧歌的ではない。彼らの毎日の世界を飾っているのは、レースではなく、骨の折れる仕事、そして、社会変化を利用するための真剣な格闘で流された汗である。

アーミッシュについて良くあるイメージのいくつかは、フィクションである。他のイメージは、時代遅れのアーミッシュ実践を反映したものとなっている。この本では、これらの神話やイメージに見られる誤った認識をただして、現代のアーミッシュ生活の事実で置き換えたいと思う。

神話：アーミッシュは外の世界から隔離されている。彼らは、彼らが「英国人」とよぶ外部の人たちとほとんど接触をもたない。

事実：ランカスター郡のほとんどのアーミッシュは、アーミッシュ以外に友人がいて、日常的に接している。確かに彼らは、外部の人たちをしばしば「英国人」と呼ぶ。その理由は、外部の人たちが、アーミッシュのペンシルベニアダッチではなく、英語を話すからだ。

神話：アーミッシュは変わらない。彼らは、われわれの三、四世代前の先祖たちと同じような生活をしている。

事実：アーミッシュ社会は、絶え間なく変化している。一般的に、彼らの社会は、アメリカ社会よりゆっくりと変化しているけれども、博物館ではない。たとえば、何世紀もの間、井戸水をくみ上げるのに使われてきた風車は、多くのアーミッシュの家屋敷では他のタイプのポンプに取って代わられた。

神話：アーミッシュは、全員が農民だ。

事実：確かにアーミッシュのうちの何割かは農民である。また、ほとんどのアーミッシュが田舎に住んでいるのも事実だ。しかしながら、一九八〇年以降、多くの人々が、農業以外の職業で生計を立てている。実際、ランカスター・アーミッシュのうち、ほぼ三分の二の家庭は、農業以外のさまざまな職業からの収入に依存している。

神話：アーミッシュは、無知で、後ろ向きの人々だ。

事実：確かにアーミッシュは、八年間で正式の教育を終え、高校や大学への入学は禁止である。彼らは、職業に役立つ実際的な教育が、自発的になされることを重視している。学校は八年間で終わるけれども、その後も、見習い期間中はずっと、職業訓練が続くのである。ランカスター郡では、自分で手に職をつけたアーミッシュ数百人が、事業家として、二〇〇〇ほどの小規模事業を起こし、成功している。

神話：アーミッシュは一九世紀イギリスのラッダイトの

農業以外の職業が多くなるにつれて、伝統的農家家屋よりも、店舗が近くにある近代的な家に住むようになった。

ように近代技術を拒否している。

事実：アーミッシュは、彼らの価値観と両立する技術を選択的に利用している。彼らは、テレビのようないくつかのモノを拒絶する。しかし、他のタイプの近代技術、たとえば、インラインスケート、屋内配管、バーベキューグリルはとり入れている。

神話：アーミッシュは偽善者だ。なぜなら、彼らは、テクノロジーを無節操に利用するからだ。彼らは、自動車を所有することを拒否するが、他人の所有ならば乗る。彼らは納屋用にトラクターを所有しているが、畑では使わない。彼らは電話を使うが、屋内では禁止だ、などなど。

事実：近代社会の中で生き残るために、アーミッシュは、数多くの文化的妥協を重ねてきた。外部の人たちには無節操と思えるかもしれないが、アーミッシュの側からすれば、これらは必然の結果なのだ。なぜなら、彼らは、近代化の大波に直面しながら、自分たちのコミュニティを守ろうとしているからだ。

神話：男が厳格な家父長社会を管理しており、アーミッシュの女性は、男性に支配されている。

事実：確かに、教会では、女性がリーダーに任命され、活動することはない。しかし、彼女たちは、教会の集会で発言権を持ち、投票も行う。多くの女性が、小規模な事業を行っているし、家庭や店舗では、職人として創造的に表現する自由をもっている。

神話：アーミッシュの若者は、「ラムシュプリンガ」の期間中、外の世界を経験するために、家を出て、町に住むようすすめられる。

事実：一六歳ぐらいの年齢になると、若者は、いろいろな若者グループに参加する。けれども、家を出ることはない。彼らは両親と一緒に住み続ける。そして、週末に、友人たちと若者活動に参加する。このとき、彼らは、外の世界を体験する機会をもつ。

神話：アーミッシュは、非常に古くさいので、彼らのコミュニティはゆっくりと滅びつつある。

事実：二〇世紀、ランカスター・アーミッシュの人口増加は非常に急速で、二〇年ごとに二倍になっている。

神話：アーミッシュは、外の世界を強く非難する独善的な宗教徒たちだ。

事実：アーミッシュは、他の宗教的信念をもつ人々を裁断したりはしない。彼らは、神のみが人々を裁くのだと信じている。また彼らは、他の教会に対して、とくに尊敬の念を抱いており、自分たちだけが天国へ向かう人間だとは考えていない。謙遜の精神の下、彼らは、慈悲深い神が、自分たちの生活を審判することを知っていて、イエスとアーミッシュ教会の教えに忠実であろうとしているのだ。

4 宗教的ルーツ

アーミッシュのルーツは、一六世紀ヨーロッパのプロテスタント改革にまでさかのぼる。一五二五年一月、スイス、チューリッヒの若い宗教改革者たちは、成人として互いに再洗礼することにより、古い権威を打ち破った。これら反対者たちは、幼児洗礼を強要していたチューリッヒ市議会よりも、新約聖書の方が、宗教上のことがらに対して、より権威があると宣言したのだ。実際、当時、成人時の再洗礼は、死に値する罪であった。反対者たちは、みずから信仰を告白した成人に対してのみ、洗礼を行うのが適切であると信じた。これら急進主義者たちは、敵対者たちから、再洗礼者を意味するアナバプテストの呼び名をつけられた。なぜなら、彼らは、幼児期に、カトリック教会で、すでに洗礼を受けていたからだ。急進的改革とよばれることの多いアナバプテスト運動は、すぐに、スイス諸州、ドイツ、オランダ、そして他の近隣地域に広まった。

市当局と宗教関係筋は、アナバプテストグループの急速な拡大に恐れをなし、ひそかに、アナバ

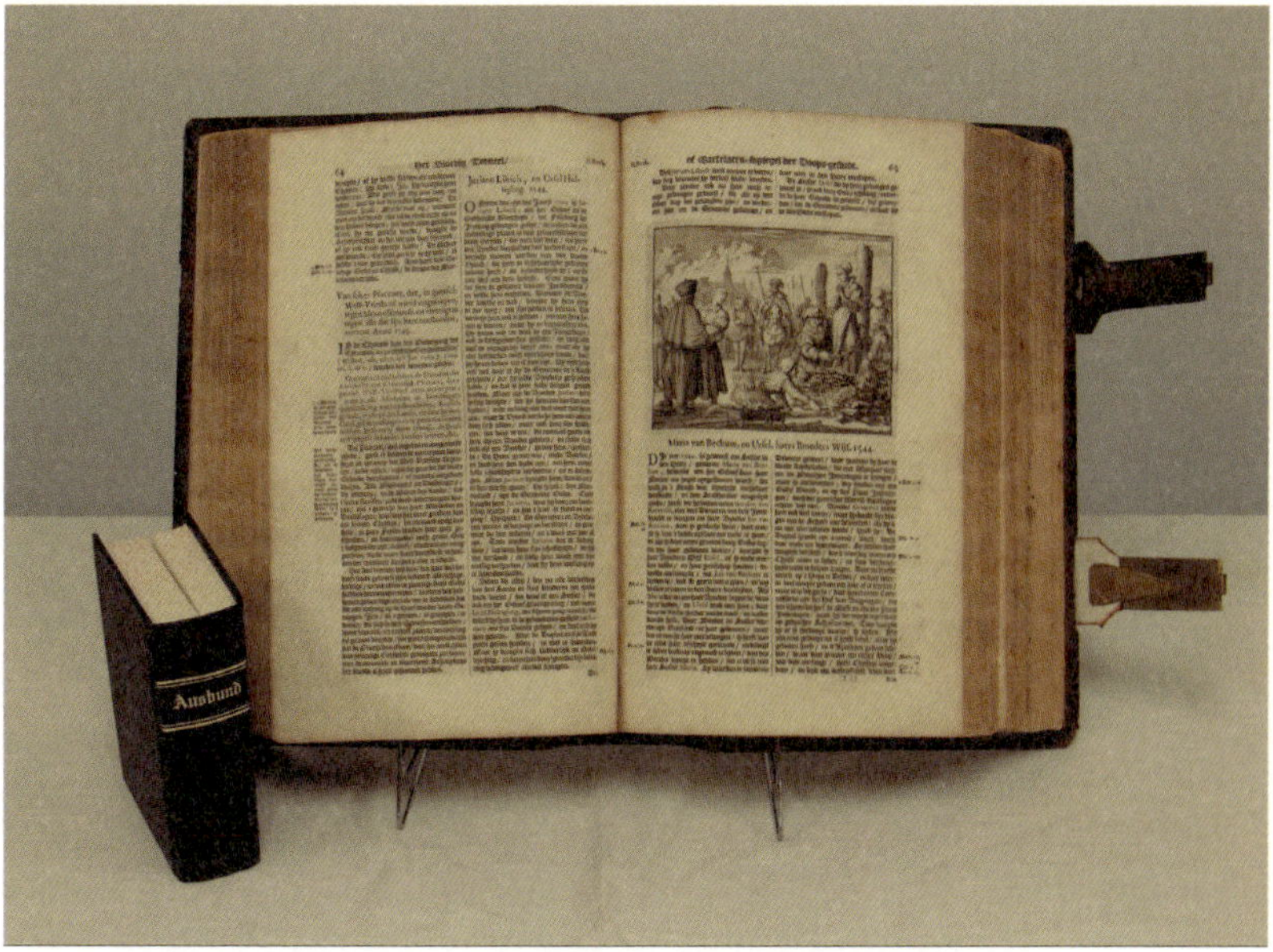

アーミッシュ信仰においては、聖書以外に、二つの重要な書物がある。1100ページにのぼる「殉教者の鏡」とアーミッシュの賛美歌本「アウスブント」である。

プテスト処刑人を送り込んだ。驚くことではないが、最初の殉教者は溺死だった。数十年の間に、火焙りにされたり、川で溺死させられたり、牢屋で餓死した、あるいは、死刑執行人の剣で首をはねられたアナバプテストは、二五〇〇人にのぼった。一六六〇年にオランダ語で最初に出版され、後に、ドイツ語、英語でも出版された一一〇〇ページの大著『殉教者の鏡』には、この血塗られた劇場の大虐殺が記録されている。

スイスのアナバプテストたちは、毎日の生活の中でイエスの教えに従おうとした。敵を愛し、侮辱を赦し、不当な処置を甘んじて受けたのである。中には、暴力に訴えるグループもあったが、ほとんどのアナバプテストは、敵とさえも平和に暮らそうと決意した。しかしながら、彼らの素朴な信仰は、迫害の絶え間ない脅威によって、苦難の愛の力の中で試されることとなった。信仰を改める者もいたが、多くは、信仰に殉じた。イエスの言葉に従い、彼らは、拷問に際してさえも、神の意志に身をゆだねたのだ。『殉教者の鏡』に載っている話は、今日も、アーミッシュの価値観を支え、さらに強化し続けている。

すさまじい迫害によって、多くのアナバプテストたちは地下へもぐり、地方の隠れ場所に潜むこととなった。迫害の激痛により、教会ともっと大きな世界との間に存在する裂け目についての聖書の教えは、彼らにはますます強固なものとなった。彼らの目には、この世の威圧的な王国は、平和な神の王国と衝突すると映る。世俗に汚されていないコミュニティを創造しようとする夢が、何世代にもわたって、アナバプテストの希望に生命を吹き込んできた。

多くのアナバプテストたちは、次第に、メノナイトを名のるようになってきた。これは、一五三六年にアナバプテストに改宗し、卓越した説教者で、かつ著述者であったオランダ人指導者、メノ・シモンズに由来する。約一五〇年後、やはり改宗者であったジェイコブ・アマンが、スイス・アナバプテスト教会の指導者となった。スイス生まれの彼は、彼の地での迫害を避けるために行われたアナバプテスト移住の波の一つとして、今日のフランス領アルザス地方に移り住んだ。一六九三年、アマンは、アナバプテスト運動をふたたび活性化しようとした。そして、スイスでそうであったように、年一回ではなく年二回の正餐式を提案した。オランダ・アナバプテストの感化を受けて、キリスト教徒は、キリストに従い、聖餐式では互いに足を洗うべきであると主張した。また、教義上の純潔性と精神的規律を高めるために、アマンは、あごひげを剃ることと華美な衣服を着ることを禁止した。彼は、自分の会衆に対して、戒律を厳格に執行した。新約聖書の教えとオランダ・アナバプテストの実践に訴えて、アマンはまた、破門者のシャニングを主張した。この問題が、彼の信奉者たちとスイス、アルザスのアナバプテストたちとの間で分裂が起きる要因となった。そして、この分裂は広がり、修復不可能な裂け目となったのである。

後にアーミッシュとして知られるようになるアマンの信奉者たちは、アナバプテストグループの中で、独自のアイデンティティをつくりあげた。アーミッシュとメノナイトは、宗教的従兄弟として、共通のアナバプテスト遺産をもっている。しかしながら、一六九三年の分裂以来、彼らはそれぞれのコミュニティに留まってきた。一七〇〇年代、北アメリカに到着した際、アーミッシュとメノナイトは、同じような場所に居住地をかまえることも多かった。

5 アーミッシュ的価値のパッチワーク

かわいらしいアーミッシュキルトは、アーミッシュ文化のパッチワークを象徴している。想い出、神話、そして信念。これらが、アーミッシュの世界を形作っている。「ゲラーセンハイト」(ゲ・ラー・セン・ハイトと発音する)は、アーミッシュ的価値の根本理念である。おおざっぱに訳すならば、このドイツ語は、従順、あるいは、より高い権威に対して従うことを意味している。それは、自己の放棄、神の意志の受容、自己の否定、満足、そして、穏やかな精神を必然的に伴う。イエスは、自己を放棄し、イエスの謙遜、奉仕、苦しみを模範として、イエスに従わすために自分たちを召されたのだと彼らは信じている。

神や他者への服従というこの思考法は、アーミッシュ文化の中に広く行き渡っている。子供たちは、「ゲラーセンハイト」の真髄を、かわいらしい教室に掲げられた詩から学ぶ。

わたしは、神の子、
やさしく、しんぼう強く、素直でおだやか、
正直で、簡素で、真実でなければいけないわ、
わたしは喜んでしたがわねばならない、
わたしの意思とやり方をあきらめて……

もうひとつの好まれる言い回しは、（JOY）である。これは、イエス（Jesus）が最初、他の人々（Others）が真ん中、そしてあなた（You）は最後、を意味している。アーミッシュの教師は、ときどき、うぬぼれ（pride）の真ん中の文字は、自分（I）だと子供たちに気づかせてやる。これらによって、子供たちは、自分よりも他の人々を尊重することの大切さを学ぶのである。

「ゲラーセンハイト」の精神は、服従、謙遜、そして簡素によって表現される。アーミッシュにとって、神の意志への服従が、主要な宗教的価値である。非服従は危険だ。なぜなら、それは、神からの永遠の分離に行き着いてしまうからだ。両親、教師、リーダーたち、そして神。これら権威への服従が、秩序だったコミュニティをつくりあげるのである。

服従は、アーミッシュ生活の謙遜と結びついている。謙遜の反対、うぬぼれは、抑えのきかない個人主義に対して用いられる宗教的言葉である。うぬぼれた個人は、「ゲラーセンハイト」ではなく、傲慢な精神を示す。「ゲラーセンハイト」の精神は、近代社会のず太い、独断的な個人主義と衝突

する。傲慢な精神は、事あるごとに、個人的な偉業や自己満足、そして自分が認められることを追い求める。非アーミッシュの人々が、単に、個人が成し遂げたことを適切に認めてやることでも、アーミッシュには、うぬぼれの強い精神への熱望としてうつる。うぬぼれた個人は、何にでも自分の名前をつけ、個人的成就を促進し、自分自身に注目が集まるようにし、新聞に認められることを求め、自分の写真を欲しがる。うぬぼれは、秩序あるコミュニティの静穏と平等を乱す。それに対して、控えめな人は、認められることを求めず、惜しげもなく身を捧げ、コミュニティに奉仕する。

簡素もまた、アーミッシュ生活では尊重される。派手で、けばけばしい装飾は、うぬぼれを表している。衣服、室内装飾、建物、そして祈りが簡素であることにより、平等と規律が育まれる。メーキャップ、化粧、宝石、腕時計、結婚指輪など、自分を飾る道具はタブーである。アーミッシュの目に、これらは、文化的虚飾を支え、自分を見せびらかすことを助長するように映る。近代の衣服が個人の表現と社会的地位を強調するのに対して、簡素なアーミッシュの衣服は、共同体の秩序を認めた証なのだ。

個人主義を拒絶することにより、彼らと近代文化とは最も深く分離する。アーミッシュ文化は、抑えのきかない個人の自由主義よりも、共同体の価値の方を尊重する。コミュニティの要請に従うということは、しかしながら、アーミッシュの生活において、個人の表現を押さえ込むことにはならない。外の観察者たちが、アーミッシュ社会における個人の自由度の多さに驚かされることも少なからずある。アーミッシュは、自己表現の自由を放棄することによって失うものを、持続性のあ

子供たちは、小さいころから、一生懸命仕事することの大切さを学ぶ。動物の世話をはじめとして、骨の折れる酪農の仕事は、家族の経済的豊かさに貢献する。

るエスニシティと日常的に優しく面倒をみてくれるコミュニティの中で得ているのである。

熱狂的にものごとを進める近代生活に比べると、アーミッシュのペースはゆっくりだ。壁に掛かった電池式の時計でさえ、ゆっくり動いていると思えるほどだ。季節のリズムによって調節されて、時間は広がりをもち、くつろいだ時が流れる。ボディランゲージから移動のスピードまで、また、歌をうたうことから歩くことまで、そのペースはゆっくりだ。

彼らは、一生懸命に働くことが善であり、徳を高めるとする仕事倫理を強く奉じている。暑くてほこりっぽい仕事に直面するならば、牧歌的なアーミッシュ生活のイメージは、すぐに消え失せるだろう。毎日、朝と晩に、牛のミルク絞りが行われる。むしむしと暑くても、庭の野菜を収穫せねばならない。家族全員の汚れた衣服を大量に洗濯し、電気乾燥機を使わずに乾かす。仕事は、このように過酷で厳しいけれども、いくつかの方法で、贖罪の儀式となる。それは、常にチーム努力であり(力を合わせてなされるので)、家族、そして隣人たちを結びつける。アーミッシュにとって仕事は職業ではなく、神によって与えられた天職であり、共通の徳を高めるものなのだ。仕事は、たいてい、他の人々と一緒になされる。そして、しばしば遊びと組み合わされる。仕事は、家族とコミュニティの幸福に貢献するのだ。

アーミッシュ社会は、伝統と社会変化との微妙な緊張関係の上に成り立っている。新しいものが常に良いとされる消費世界とは対照的に、アーミッシュは過去に傾斜している。ある人の言葉によれば次のようになる。「私たちにとって、伝統は、神聖な責務です。それは、祖先の考えを維持し、それに固執する私たちの宗教の一部なのです」。進歩が常により良い生活をもたらすという近代社会の仮説を信奉するかわりに、一人の男はいう。「これらの変化は、私たちをどこへつれていくのかね、と聞きたいよ。イノベーションの成果は何なのだろうってね」。

服従、謙遜、簡素、過酷な仕事、そして伝統の尊重……これらのアーミッシュ価値が、秩序ある、満たされたコミュニティに対する彼らの夢を支えている。しかしながら、これらは、空想上の理想価値である。すべての人間社会と同じように、理想と現実との間にはギャップがある。どん欲さが、ときどき頭をもたげてくる。時には、嫉妬やねたみがめらめらと燃え上がる。コミュニティの年寄りたちは、騒々しく乱暴な若者たちにとまどうこともしばしばである。結婚生活は気まずくなりうるし、反目し合う対人関係によりコミュニティの生活が決裂することもある。アーミッシュの理想を表すパッチワークのすぐ下で、すべての人々と同様、彼らもまた、まさにいろいろな問題を抱えた人間として存在しているのだ。

6 アーミッシュの精神性

アーミッシュの精神性には、いくつかのはっきりとした特徴がある。それは、新約聖書、とくに『山上の垂訓』と一六世紀のアナバプテスト殉教者たちを目撃したことに起因している。聖書に加えて、『殉教者の鏡』、『ドルドレヒト信仰告白(一六三二年)』、そしていろいろな祈とう本が、重要な印刷資料である。

アーミッシュの精神性は、個人主義より共同体に重きをおいている。それによって、静かで慎ましやかな信仰に焦点があたるのだ。十字架上のイエスの例にならい、非暴力、報復しないこと、そして敵を愛することが、アーミッシュ精神の中心である。アーミッシュは、暴力を拒絶する。暴力は、イエスの教えを冒すとみなされるからだ。非抵抗主義を反映して、彼らは軍隊に入らないし、訴訟も起こさない。

彼らの信仰理解の中核は、赦しである。イエスのことばを繰り返して、彼らはよく言う。「もし私たちが赦さないならば、私たちもまた赦されないでしょう」。二〇〇六年一〇月、西ニッケルマイン校でアーミッシュの少女たちを襲撃した「英国人」とその家族をいち早く赦したことは、不法に対して慈悲と同情で応えたい、との彼らの願いを表している。

アーミッシュ信仰は、しばしば、近代的な感じ方、考え方の人間を戸惑わせる。一見すると、アーミッシュは非常に宗教的である。しかし、もう少し観察すると、教会の建物や聖なるシンボルはないし、アーミッシュ学校においてすら、ちゃんとした宗教教育は見あたらないことに気がつく。外の大きなアメリカ社会では、宗教はたいてい、日曜日の午前中、一時間ばかりの教会サービスに付託される。しかし、アーミッシュでは、生活のすべての次元に宗教的意味が染み渡っている。

アーミッシュの精神性は、信仰の共同体的表現を強調する。個人個人が、公に祈りをすることはほとんどない。マタイによる福音書の中でイエスによって教えられた主の祈りが、アーミッシュ信仰の主要な祈りだ。彼らの宗教サービスでは、いつでもこれが読まれる。その外、古いアナバプテストの祈とう本からの祈りも、教会や家庭での礼拝で読まれる。食事の前と後の無言の祈りは、信仰へ静かに参加していることを示している。彼らは、個人的に聖書を読むことを尊重するけれども、聖書はそれ自身で解釈されるべきだと考えている。事実、彼らは、聖書講読の小さな集まりを持とうとはしない。なぜなら、聖書の解釈には人為的あやまりが生じかねない。すると、終わりのない議論や内輪もめが起きてしまうからだ。

教区では、教会サービスが、隔週、日曜日にもたれる。隣人たち、そして、日曜サービスにあたっていない他の教区からの親類を含めて、二〇〇人以上の人々が祈りのために一軒の家に集まる。場所は、農場内の家屋、新しい家の地下室、あるいは大きな店舗や納屋である。これによって、祈りが、毎日の生活と結びついていることが強調される。三時間のサービスの後、質素な親睦食事会がもたれる。そして、気の置けない訪問がなされる。

礼拝式の次第は書かれてはいない。式は、簡素ではあるが、無伴奏の歌と二つの説教を中心に行われる。オルガン、供物、ろうそく、十字架、長服や花々の助けをかりることなく、人々は謙遜の精神で、神に身をゆだねるのである。会衆は、アウスブントからの歌

祈りから日常生活まで、アーミッシュの精神性は、簡素を強調する。生活における素朴な喜びが、深い満足感をもたらす。

をうたう。それは、音符のないドイツ語の賛美歌で、一六世紀アナバプテストにまでさかのぼる。記憶によって世代間に受け継がれた曲は、ゆっくりとユニゾンでうたわれる。この忍び足のようにゆっくりとしたリズムが、一六世紀のムードをかもし出す。一曲は、二〇分以上にも及ぶ。ドイツ語の方言を用いた説教は、準備なしで行われ、毎日の生活での教訓と同時に、聖書からの話しが語られる。説教者たちは、聖書に従うこと、そして、アーミッシュのやり方を守ることを熱心に説く。

アーミッシュの宗教は、信条の繰り返しや教義についての議論ではなく、信仰を実践することに重点を置いている。アーミッシュの生活には、頭でっかちの議論や形式的神学は無用だ。宗教的理解は、系統的な神学に書かれているのではなく、生活という布地に織り込まれているのだ。「ゲラーセンハイト」に基づくアーミッシュ精神は、非常に共同体的で、謙虚さに満ちている。この謙虚の精神ゆえ、アーミッシュは、救済の確かさについてなかなか語ろうとはしない。彼らが語るのは、むしろ、永遠の生命に対する強い希望である。ところが彼らは、永遠の救済について大胆な宣言をしない。なぜなら、彼らは、そのような宣言は僭越だと思っているからだ。神のみがこれらの判断を知ることができ、そして下すことができると信じているからだ。あるアーミッシュの男性は言った。「神は、私たちの信仰の著者であり、完成者なのです」。「イエスに従うということは、私たちが、自分自身にうぬぼれをもってはいけないし、自分のしたことを誇ってはいけないことを意味しています。私たちは、栄誉と栄光のすべてを、神とイエスに対してささげるべきなのです」。

7

オルドヌング

アーミッシュ生活の倫理秩序は、二本の宗教的柱によって支えられている。新約聖書の教えと教会の規則である。彼らは、敵を愛し、暴力を拒絶し、結婚の敬虔さを維持するなど、聖書の教えを真剣に受けとめている。軍隊に入ったり、配偶者と離婚することは、教会からの破門につながる。さらに、教会は、ドイツ語で秩序と規則を意味する「オルドヌング」として知られる規則集を通して、新約聖書の原理を応用しようとする。

ある若いアーミッシュの父親が、共同体の知恵の大切さを次のように説明した。「野球をしていて、バッターが自分のボールを使ってくれといって、それを打ったなら、もう野球ではなくなるだろう。同じように、それぞれが、自分で、何をすべきか、すべきでないかを決めたなら、もう教会ではなくなってしまうじゃないか」。

「オルドヌング」は、期待される行為の共同体的青写真であり、私的行動、公的行動、そして儀

「オルドヌング」は、衣服からテクノジーまでを規定している。この女性たちが着ているのは、ランカスター居住地の典型的な衣服である。車の所有は禁止されているので、大人は、近所へ出かけるとき、スクーターを使うことが多い。

式上の行動を規定している。アーミッシュのやり方についての一群の合意、すなわち「オルドヌング」は、あごひげをはやし、馬車を利用し、ドイツ語方言を話すといった、アーミッシュとしてやるべき行動を決めている。それはまた、タブーも規定する。人を訴えること、宝石を身につけること、自動車を所有すること、大学に行くこと。長い間かかって培われてきたこれらの合意は、教会が新たなことがらに直面したときに更新される。たとえば、ファックス、コンピュータ、携帯電話、工場で働くこと。

アーミッシュの考えでは、「世界」ということばは、価値観、悪徳、実践、制度などを伴った外の世界を指している。「世界」からの分離は、重要な聖書原理であり、彼らはそれを真剣に考えている。彼らは、社会的世界を二つの道筋に分けている。まっすぐで狭い生活への道と、広くてたやすい絶望への道である。アーミッシュ文化は、狭い自己否定の道を具体化しようとする。それに対して、外側の社会的世界は、虚飾と悪徳に満ちた広い道を表している。どん欲、欺瞞、スキャンダル、麻薬、離婚、そして戦争。これらの報に接するたびに、アーミッシュは、「世界」が忌まわしいことがらで満ちていることを心の中で確信するのだ。

大きな文化から分離していようとするこの原理は、アーミッシュの考えを導き、意思決定の舵取りをする。自動車、カメラ、テレビ、コンピュータ、高校へ行くこと。コミュニティの生活を密かに害しかねないこれらのモノや行為は「世俗的」とされている。いくつかの新しいモノ、たとえばインラインスケート、バッテリーで動く工具類に対して、この汚名はきせられていない。コミュニティの価値を脅かすモノだけが禁止となる。「オルドヌング」は、世界からの分離原則を、実際的な生活指針に翻訳しているのだ。

「オルドヌング」は口伝えで伝承される。子供たちはまた、大人たちを観察することにより、「オルドヌング」のやり方を学ぶ。「オルドヌング」は、子供たちの心に、物事はこうなんだという、アーミッシュの世界を明確に映し出すのである。定期的にもたれるリーダーたちの集まりで任命されたリーダーたちは、「オルドヌング」に対する変化を再吟味する。けれども、規則を裁定するのは、それぞれの教会の人々である。リーダーたちは、「オルドヌング」を解釈して、実際的な適用を行う。かくして、多くのモノの中で、服装の様式、バッテリーで動く機器や動力芝刈り機の使用は、教区ごとに少しずつ異なっている。

ひとたび「オルドヌング」に埋め込まれ、伝統として確立されたならば、その規則は変化を拒む。新しい事態に教会が直面すると、リーダーたちは、コミュニティを乱しかねないことがらを人々に知らせる。ガスによって動く除草機、使い捨てオムツ、そしてプラスチックのおもちゃ。脅威とならないこれらの変化は、アーミッシュの生活の中に次第に、そして静かに浸透しつつある。しかし、バッテリーで動くビデオカメラは紛糾の元となりかねないので、明らかにタブーである。伝統を選択的に守りながら、そして変化を許しながら、「オルドヌング」はアーミッシュのやり方を規定しているのである。

8

宗教儀式と実践

宗教儀式は、アーミッシュ文化におけるもっとも深遠な価値を反映している。と同時に、アーミッシュ価値を明確に表現する。これによって、人々は、自分たちは何者であり、信じているものは何かを思い起こし、アイデンティティが形づくられるのだ。

洗礼

アーミッシュは、再洗礼派として、成人洗礼を特に重視している。洗礼の誓いをした者は、イエスの道に従い、一生涯、教会の「オルドヌング」を支持することになる。アーミッシュの若者にとって、教会に参加する意思を決めることは、大きな決定である。神と人々の前でなされるこの約束は、残りの生涯すべてにわたって、教会に責任を負うことを意味する。もし、誓いを破り、教会から離れるならば、破門とシャニングに直面することになるだろう。一方、洗礼前にコミュニティを去るならば、形式的な裁可に直面することはまったくない。なぜなら、アーミッシュは、教会の会員として、個人の自発的決定を尊重するからだ。

この秋に洗礼を受ける予定の若者たちは、それに先だって、夏の間に教区の説教者と会い、『ドルドレヒト信仰告白（一六三二年）』の一八項を復習する。洗礼は、一七～二二歳の間に受けるのが一般的だ。女性は、男性よりも早く洗礼を受けることが多い。執事を助手にして、監督は、膝まづいた若者の頭に水を少し注ぎ、洗礼を行う。

聖餐式

春と秋にもたれる聖餐式は、宗教の一年を形づくる。式では、自己省察と精神的回復が強調される。罪が告白され、人々は、「オルドヌング」を守る誓いを再確認する。聖餐式は、会衆が、「平和で、仲がよいとき」にもたれる。それは、すべての人々が調和している時である。八時間におよぶ聖餐式では、説教、儀式の間の軽い食事、そしてパンとワインで、キリストの死の記念式が行われる。人々は一組ずつになって、歌いながら互いの足を洗う。終わりに、人々は執事に献金をする。これが、アーミッシュの宗教儀式における唯一の献金である。

聖職受任式

役員に任命された人たちは、ペンシルベニアダッチで、「仕える人々」と呼ばれる。リーダーで

男性は、教会とコミュニティでの生活をリードする。女性は、教会の集まりにおいて、発言権を持ち、投票をする。しかし、男だけが、定められた奉仕者としてリーダーとなる。

ある彼らは、通常、一生涯奉仕する。無報酬であるが、愛情のこもった贈りものとして、食料を受け取ることもある。彼らは、それぞれが選んだ職業で生計を立てている。四人のリーダーは三つの役割を担い、教区を指導、監督し、運営する。一人の監督は「すべての力を備えた奉仕者」、二人の説教者は「本の奉仕者」、一人の執事は「貧者に対する奉仕者」。監督に導かれて、彼らが、教区の宗教生活を指導する。監督は、通常、二つの教区を監督する。精神的先達として、監督は、洗礼、結婚式、聖餐式、葬式、聖職受任式、会員集会をつかさどる。

リーダーたちは、「くじ」といわれ

る手つづきに従って選ばれる。この手つづきは聖書の慣例に基づいており、神の選択秘法がもちいられる。ある家で礼拝がなされた後、一日がかりで受任式がとり行われる。男性、女性の両方が、候補者（男）を推薦する。三票以上を得た人が、この「くじ」を引くことになる。聖書の一詩篇が書かれた紙片が、一冊の賛美歌本のカバーの中に入れられる。この本は、他の賛美歌本と混ぜられる。本は、候補者の人数（たいてい、五人以上）分だけ用意される。候補者は、各自、本を一冊ずつ選ぶ。監督は言う。「すべての人の心をご存知の神よ。これら兄弟の中から誰を選びたもうたか、われ等に知らせたまえ……（信徒言行録一、二四―二五）」。本が開かれ、運命の紙片が現れたとき、人々は、神が決定された男にくじが当たったのだと確信する。

会員集会

他の人間と同様、アーミッシュも、時として、忘れたり、反抗したり、逸脱をしてみたり、道をはずれて迷い込むことがある。主要な罪は、礼拝の後に時々開かれる会員集会において、皆の前で告白される。農場でトラクタを使ったり、テレビカメラにポーズをとったり、飛行機に乗ったり、コンピュータを所有したり、政治組織に参加したり、訴訟を起こしたり、疑わしいビジネスを始めたり……このような「オルドヌング」違反は、皆の前で告白をすることになる。公の場での告白により、身勝手なふるまいは減少し、人々は、服従することの崇高な価値に気がつく。そして、身勝手な人も、信仰のコミュニティにふたたび戻る。このようにして、コミュニティで宗教的に期待されることがらが強調されるのである。

破門とシャニング

会衆の忠告を拒否し、罪を告白することを拒むわがままな者は、一時的に保護観察となる。悔い改めをせず、がんこさが消えないならば、懲戒を受け、最終的には破門に直面する。元会員もシャニングに直面する。聖書の教えに基づいたシャニングは、いわば愛のムチであり、強情な人たちに、自分たちは洗礼の誓いを破ったんだということを思い起こさせる。シャニングは、交流を絶つものではない。それは、会員と元会員との間の交流を制限し、自己のあやまちに気づかせるための儀式なのだ。たとえば、シャニングを受けた元会員の車に、会員が乗ることはない。同じ食卓で食事をすることはできないし、お金を直接受けとることもできない。

ある人は言う。「教会懲戒の目的は、強情な人たちを良くし、悪行への関与を思いとどまらせることなんだ」。ある監督は、シャニングを、罪を犯したものに与える最後の一服の薬にたとえて言う。「それは、一生涯、あるいは、死ぬまで効くものではないのです」。元会員は、数年後でさえ、自らの罪を人々の面前で告白すれば、教会に復帰することができる。

9

コミュニティ生活の構築

アーミッシュ社会には、いくつかのはっきりとした特徴がある。まず、地域性である。レジャー、仕事、教育、遊び、礼拝、交友関係が、直近の場所でぐるぐる回っている。赤ちゃんの多くは、家あるいは地域の出産所で、この世に生まれ出る。結婚式と葬式は、家で行われる。人々は、時にはバンやバスで、他の居住地あるいは他州まで出かけて、親類や友人たちを訪問する。しかし、ほとんどの場合、アーミッシュの世界は、地域の芝生の上を旋回している。食料を瓶詰めにすることから散髪まで、多くのことが家や家の近くでなされるのだ。

社会関係は多元的結合をもっている。しばしば、同じ人々が一緒に働き、遊び、そして、礼拝をする。社会的ネットワークが断片化された近代アメリカ社会とは異なり、アーミッシュの結びつきは何層にも重なり合っている。家族、友達、そして隣人たちが、一生涯、一緒に交流するのである。

社会生活は、ひとつの共通の織物に統合されている。建設作業員として働く男たちは車で移動するけれども、ほとんどの仕事は、家屋の周りか近くのアーミッシュ事業所で行われる。子供たちは事業所へ、両親と一緒に見習いに出る。急増しつつある小規模ビジネスにおいてさえ、仕事は、比較的家に近いところにとどまっている。日常生活の流れのなかで、祖父母は、孫たちと一緒に働き、遊ぶ。アーミッシュ・コミュニティでは、熟考されたすべてのことがら、すなわち社会生活の諸々の部分は、大きな世界よりもずっと緊密に織り込まれているのだ。

アーミッシュ社会は、まったく形式ばらない。官僚主義が芽生える余地はほとんどない。中央事務所、象徴的な表看板、司令本部のようなものは何もない。学校、各種委員会、そして、地域のアーミッシュによって設立された歴史図書館であるペクア・ブルンダーシャフト図書館を除けば、正式の団体や施設は存在しない。ゆるやかな組織である全国運営委員会が、異なった州におけるすべてのアーミッシュ・コミュニティに対して、施政関係を取り扱う。各種委員会は、学校関係の仕事、相互扶助、そして歴史図書館を組織する。しかしながら、近代社会につきものの官僚主義とは無縁である。

個人から社会組織にいたるまで、アーミッシュ社会には、「ゲラーセンハイト」の小規模精神が反映されている。家での礼拝によって、会衆のサイズはおのずと限定されたものになる。農場、店舗、そして学校は、比較的規模が小さい。したがって、人々に参加を促し、社会的サポートのネットワークの中で、各人に、適切な居場所が保証される。

さらに、アーミッシュ社会は比較的均質である。教育、収入、職業といった世間的な評点はほとんど見あたらない。過去から受け継がれてきた農業が、皆を同じように一般的な地位に据えてきたのだ。ずっと保たれてきたこの社会的平等性は、小規模ビジネスの勃興によって乱される危険が生じているけれども、職業の範囲と社会的差異は比較的小さい。共通の服装、馬とバギーによる外出、八年制の教育、そして同じ大きさの墓標。これらが、社会的平等という価値を具現化している。

相互扶助もまた、アーミッシュ社会を特徴づけている。アーミッシュは、私有財産を所有するけれども、他のアナバプテスト・コミュニティと同様、災難や特別な事態に直面し

面と向かってなされるくだけた会話は、アーミッシュ社会の接着剤となっている。いろいろな場面での議論を通じて、コミュニティの決定がなされる。

たとき、キリスト教徒の義務として、相互扶助を重視する。相互扶助は、納屋建設だけにとどまらない。慈善オークション、収穫、パッチワーク、出産、結婚、葬式など多くの活動では、たくさんの人手が必要である。救急医療だけでなく、干ばつ、病気、死、破産など、ありとあらゆる難局をケアする習慣が、人々を取り囲んでいる。これら絶望の瞬間に、コミュニティは敢然と活動を起こす。これは、アーミッシュ生活の最も奥深くに存在する意味を明瞭に表している。相互扶助によって、政府の援助や商業保険に頼ることなく、人道的社会セキュリティへの深遠な参加がなされると同時に、アーミッシュの自給自足の精神が、絶えず反映されるのである。

10

家族と子供たち

アーミッシュの親は、普通、約七人の子供を育てる。しかし、一〇人かそれ以上のケースもまれではない。人口の約半分は、一八歳以下である。一人の人間には、しばしば、七五人以上の（第一）いとこがいる。そして、一人の祖母の孫が五〇人にのぼることも珍しくはない。農場を横切ったり、小道を下ったところ、あるいは丘を超えた近隣に、このような拡大家族は住んでいる。アーミッシュ文化への子供たちの社会化に対して、家族の重要性を強調しすぎることはない。

若者は、このぶ厚い家族関係のネットワークの中で成長する。あるアーミッシ女性は、それを「誰が何をしているのかを、皆知っているのです」と表現している。コミュニティに抱かれ、人はひとりぼっちでいることはなく、必要な時、災難の時には、いつでも面倒をみてもらえる。年寄りは、家族から離れた老人センターではなく、家で、仕事の第一線からしりぞく。多くの祖父母は、毎日、何人かの孫と触れ合いをもつ。揺りかごから墓場まで、コミュニティは人々をサポートする社会的

子供たちは、たいてい、小さなビジネスの一つを受け持って、家で仕事の価値を学ぶ。この少年は、子を孕んだモルモットを調べている。彼と兄弟は、都会のペットショップに売るためにモルモットを育てている。収入は、一年で数千ドルになる。

ハンモックとなっているのだ。

アーミッシュ社会は、家父長制である。ほとんどが女性である学校教師を別にすれば、公的には、男性がリーダーシップの舵取りをする。女性は、リーダーとして奉仕する男性を選ぶことはできるけれども、候補者にはなれない。男性がリーダーシップをとっているので、近代的装置の多くは、家庭よりも納屋や店舗でいち早く許可されると考えている女性もいる。多くの女性が、勃興しつつある何十という手工芸ビジネスにおいて、新たなチャンスを見いだし、専門的スキルを高め、その領域を広げつつある。

夫と妻は、それぞれ、家庭生活において、責任を持つ分野が決まっているが、多くの仕事は一緒になされる。妻は、庭での仕事を手伝ってくれるよう夫に頼む。そして、彼の方も、彼女に、納屋や農場での手助けを頼む。工業社会に見られるような、台所に捕らわれた孤独な主婦は、ここにはまったくいない。夫は、家庭における精神的権威である。しかし、配偶者である妻は、自分が担当する分野において、かなりの自由度をもっている。あるアーミッシュ男性は言う。「妻は召使いではないよ。彼女が女王で、夫は王なんだ」。妻と夫のパートナーシップは、他の社会と同じように、家庭によって、そしてまたその人の性格によって、かなり異なる。

11

子供の誕生

ランカスター・アーミッシュの赤ちゃんの六〇％以上が、免許を持った非アーミッシュの看護助産婦の下で、この世に誕生する。他の子供たちは、出産センター、病院、あるいは医師宅に隣接した診療所で生まれる。最初の子供の出産は病院で、という母親も中にはいるが、次の子供からは家で出産する。家での出産は、安価なだけでなく、アーミッシュ価値の原則（地域、家庭、自然、簡素、自給自足）に合致する。

家で赤ん坊を取りあげる看護助産婦は、アーミッシュ夫婦に、分娩講座を受講するよう勧める。ある助産婦によると、最初の子供の場合、ほどんどの夫婦がこの講座を受ける。出産時にくわえて、助産婦は、また、出産後六週間、家庭を訪問してケアをする。

多くの家族は、訪問ケアへの感謝の印として、菜園の収穫物、そしてオーブンやミシンによる賜り物を、助産婦と分かち合う。家での出産の場合、勘定書は、出生前後のケアを含んで、子供一人

二人の母親とその赤ん坊たちが、公の行事でおしゃべりをしている。

あたり約一一〇〇ドルである。それに対して、病院での出産費用は、普通の出産で六八〇〇ドル、帝王切開の場合は二二、〇〇〇ドルになる。ある助産婦の推定によると、アーミッシュ母親の帝王切開率は五％以下で、病院での全出産の平均、二五％と比べてかなり低い。何人かの医師が、合併症に備えて、助産婦や出産センターをバックアップする活動を行っている。

出産の時には、親類二人が、家事を助けるためにやってくる。一人は、母親と赤ん坊の傍に、三～四日とどまる。もう一人は、二週間、家事をとりしきる。もし、母親に、十代の娘たちがいれば、彼女らが家事を引き継ぐ。

自分の診療所でアーミッシュの赤ちゃんを多くとりあげてきたある医師は言う。「アーミッシュの女性は、出産に対してとても自信に満ちています。彼女らは、自分たちが何をしようとしているのかをよく知っています。彼女らの傍には、いつも、困ったときには手伝ってくれる祖母がいるのです」。ある助産婦も言う。「彼女らは、とても気持ちよく出産し、母乳で赤ちゃんを育てます。彼女たちは、母たち、祖母たち、姉たちに囲まれています。そして、日頃から、母となることを見ているのです。それが、あたりまえの環境なのです。だから彼女たちは、気持ちよく分娩できるのです。鎮痛手当を要請されたことは、ほとんどありません」。結果として、家で出産する女性全部、そして、病院で出産する人の多くが、母乳で赤ちゃんを育てる。

では、アーミッシュの父親はどうだろうか？　彼らは、たいてい近くにいて、必要とされた時に出産の手伝いをする。ある助産婦は言う。「母乳を飲ませる時間になったとき、父親たちの助けを借りるのは確かに難しい。でも、全般的に、気配りが行き届き、繊細で、非常に協力的だわ。農夫たちは、日頃から動物の出産に慣れているので、出産の始めから終わりまで立ち合っても、不快になることはないわ」。

自然にまかせた家族計画と母乳育児によって、子供たちの年齢間隔は一定に保たれている。「子供の数が六人以下の家族を受けもったことはないわ。八人から一二人の子を持つ家族もいくつかある」とある助産婦は力説する。教会の役員は産児制限を認めないけれども、家族の人数をこれ以上増やさないために、ひそかに、人工的方法をつかう夫婦がいる。年をとった女性の中には、合併症のため、あるいは出産を終わりにするために、卵管結紮の手術をする人たちもいる。しかし、アーミッシュ生活の他の領域と同じように、夫婦は、可能なかぎり、母なる自然の神秘に従うようすすめられる。

12

健康管理

一般的に信じられていることとは異なり、アーミッシュは、ある程度ではあるが、近代医学を利用している。仲間には医者がいないので、ヘルスセンター、診療所、病院で、非アーミッシュの歯医者、目医者、内科医にかかる。近代医学による健康管理や最新の薬に対して、聖書の禁止命令はない。しかし、彼らは、神が最終的な治療者だと信じている。健康管理に対する宗教的タブーが存在しないにもかかわらず、アーミッシュのやっていることは、一般に広く行われていることとは異なっている。健康についてのやり方は、また、家族によってもちがう。

外の世界の人間と比べて、彼らは、少しの痛みや軽い病気に対して医学的手当をあまり求めようとはしない。かわりに、ハーブ茶を飲んだり、民間療法を行う。手術や高度な医療技術を拒んでいるわけではないが、大きな救命手術をあまり受けたがらない。老人が病気で終末を迎えたとき、母なる大自然に異議を唱えることはひかえる。要するに、彼らは、神秘的な神の摂理に服することの方を望むのである。

家での治療以外にも、正統ではない医学治療法をいろいろ求める。自然療法を求めて、しばしば、ビタミン類、ホメオパシー（同毒療法）、健康食品、マッサージ師、指圧師などに頼ることになる。ひとりの男が冗談交じりに言う。「あんたがアーミッシュを月へ行かせたいのなら、そこには指圧師がいると彼らに言うだけでいいんだぜ」。特別の診療所で治療を受けるために、はるばるメキシコまで行く人たちもいる。そこでは、特に癌に対して、合衆国では認可されていない治療がされる。アーミッシュ事業家の中には、非アーミッシュの人々だけではなく、アーミッシュにも健康食品を売る店を開いている人たちがいる。非常に多くの外の人たちが、アーミッシュの顧客をあてこんで、同毒療法やあやしげな万能薬を扱った商売をしている。

アーミッシュの健康習慣は、多くの文化的要素によって形成されている。苦難を甘受することと神の摂理に服することに加えて、田舎の保守的な価値観、天然の解毒剤の方を好むこと、情報の欠如、感覚的にハイテク環境になじみ難いこと、医療機関による健康管理を利用し難いこと。

ランカスター・コミュニティは、ワクチンに対して何の宗教的呵責をもっていないにもかかわらず、子供たちは、予防接種を受けずにアーミッシュ学校へ通うことができる。しかし、たいていの親は、家庭医や助産婦のアドバイスを受け入れ、子供たちに予防接種を受けさせる。

改宗者の参入がないことと変動のないコミュニティ内部での結婚により、アーミッシュ社会の遺伝子プールは限定されている。またいとこ同士の結婚も珍しくない。このような近親結婚が、必ず

毎年恒例のキルトオークションでは、障害児診療所の仕事をサポートする基金を集める。この診療所は、アーミッシュ・コミュニティに対して重要な健康サービスを提供している。

しも医学的な問題を引き起こすわけではない。しかしながら、もし閉鎖的なコミュニティにおいて劣性形質が多ければ、ある種の病気は起こりやすくなる。一方、遺伝子プールが限定されていることにより、嚢胞（のうほう）性線維症のような遺伝病は、ランカスター・アーミッシュには見られない。別の先天的問題によって引き起こされる小人症が、ランカスター居住地では高い割合で発生する。聾唖もまた高い割合である。

一九八〇年代後半、ホルムズ・モートン博士は、ランカスター・アーミッシュにグルタル酸尿症を見いだした。この病気は、脳性小児麻痺に似た症候の生化学的疾患であるが、以前は、十分に認識されず、治療法もなかった。アーミッシュ幼児の五〇〇人に一人が、この病気を遺伝的にもっている。一九九〇年、モートン博士は、アーミッシュ・コミュニティと協同で、障害児のための診療所を設立した。博士と仲間たちは、他の遺伝病も見つけ出し、症状が出た新生児の治療にあたってきた。ランカスター・アーミッシュの健康の増進に大きく寄与したこの診療所は、ランカスター郡にとどまらず、多くのアーミッシュ、そして非アーミッシュの患者を治療してきた。さらに、診療所スタッフによってなされた研究は、遺伝学の進歩にも寄与している。

アーミッシュ・コミュニティは、最近、精神的健康の問題にも関心を抱いている。ピープルズ・ヘルパーとして知られている平信徒の非公式ネットワークが、何らかの心のやまいにかかっている人々のカウンセリングや援助の受け方について、家族に情報を提供している。

二〇〇五年、アーミッシュが管理するメンタルヘルス施設、グリーン・パスチュア(緑の牧草地)が、ランカスター郡から数マイル北のフィルハーベン精神病院の庭にオープンした。アーミッシュ委員会に監督されて、グリーン・パスチュアは、オールド・オーダーの精神を反映した生活環境(テレビ、ラジオ、コンピュータはなし)で、短期間の療養を提供している。専門的な訓練を受け、資格を持ったソーシャルワーカーと精神科医が、患者を診ている。グリーン・パスチュアは、人々の精神的健康への要求に応えようというランカスター・アーミッシュの新しい熱意と関わりを表している。

13

豊富な食べ物

アーミッシュの食卓の豊かさは、伝統的ペンシルベニアダッチ料理によるものだ。この料理は、ペンシルベニア南東部の他のグループも食している。食べものの好みは、家庭によって、また、農家と非農家で、少し異なっている。食品に宗教的制限はないにもかかわらず、伝統的メニューの料理が、教会サービス、結婚式、葬式でふるまわれる。

多くの家庭では、朝食の料理に、卵、フライドポテト、トースト、そして、コーンフレークやチェリオスなど市販のシリアルが出される。典型的な朝食には、また、コーヒーや牛乳を上にかけたり、その中に浸したりしたりすることもあるシューフライパイ、暖かい牛乳に入れたシチュークラッカー、ロールオートミールかインスタントのオートミール、コーンミールから作られたマッシュ、そしてソーセージが出される。プディングとスクラップルもまた、朝、よく食される。プディングは、豚と牛の肝臓、心臓、腎臓を挽いたものからつくられる。これらの基本的材料を、小麦粉、

チキンのバーベキューが、彼らの好物だ。若者は、裏庭で鶏肉を下準備する。このような移動式のバーベキュー台は、アーミッシュの店舗で造られる。

コーンミールと合わせて、スクラップルをつくる。アーミッシュの食卓に出される朝食メニューの組み合わせは、季節や家庭の好みによって異なる。

農家家庭にとって、普通、午餐が一日のうちで最も大きな食事だ。昼食や夕食には、牛肉か鶏の料理、そして、家庭菜園で採れた季節の野菜（エンドウ豆、グリンピース、ライマビーン）がよく使われる。この地域で好まれる料理には、次のようなものがある。牛肉のグレービーがかかったマッシュポテト、ブラウンバターのヌードル、チキンポットパイ、そして、ザワークラウト。添え料理とデザートには、乾燥リンゴからつくったシュニッツパイの外に、アップルソース、コーンスターチプディング、タピオカや季節のフルーツパイ（リンゴ、ルーバーブ、カボチャ）がある。

ポテトスープ、野菜スープ、そして、チキンとコーンヌードルのスープは、非常に一般的だ。夏には、冷たいフルーツスープ（イチゴ、ラズベリー、ブルーベリーのいずれかを牛乳とさいの目に切ったパンに加えたもの）が食卓にのぼる。ハーブ茶、自家製のルートビール、そして、インスタントのドリンクミックスが夏の飲み物だ。冬には、家で瓶詰にしたグレープジュースが好んで飲まれる。

大家族や多くの人が集まる集会では、食料の準備と保存のために、莫大な仕事が必要である。教会サービスを受けもつ家では、集会後の昼食のために、パイ三ダースを焼くことも珍しくはない。瓶詰にした食料の量は、家族の大きさと好みによって異なる。六人の子供がいる家庭では、一シーズンに、一五〇クオーツのアップルソース、一〇〇クオーツの桃、六〇クオーツの梨、五〇クオーツのグレープフルーツジュース、五〇クオーツのピザソースを瓶詰にすることも珍しくはない。他の果物、野菜、肉類もまた、瓶詰めにされる。

アーミッシュの日常の食べ物は、まだ、家庭菜園としっかり結びついている。しかし、変化は進行中である。店舗（時にはアーミッシュが経営している）で買う食品の割合が増えている。あるアーミッシュ女性の推定では、パンを焼いている家庭は、半分にすぎない。インスタント・プディング、インスタント飲料、スナック食品、瓶詰のスープなどの使用の増加は、市販食品への傾斜を表すだけでなく、同時に、時間的制約が大きくなっていることを反映している。市販食品の利用増加は、農業から離れること、そしてまた、女性が事業に参入することによる。さらに、経済的事情もある。「瓶詰のスープが大量に安く買えるので、庭で汗水たらす必要はほとんどないわ」と、ある農家主婦は指摘する。一人のアーミッシュ男性が「失われた技術」と呼ぶ家畜の堵殺、解体も同じである。

近くのファーストフード店やコンビニもまた、アーミッシュの人々の食料源として、利用が増えつつある。事実、家から遠く離れて働くアーミッシュの中には、レストランで食事をとる人たちもいる。しかし、教会のリーダーたちは、定期的な外食は控えるよう要請している。さらに興味深いのは、エスニック食品の到来だ。手作りピザは、多くの家庭の好物である。家庭では、収穫したトマトからピザソースをつくり、大量に瓶詰めにして保存している。ラザーニャ、ストロンボリ、そして、タコサラダやナコチップスまでが見いだされる食卓もある。

14

社会的集まりと休日

数多くの社会的集まりの場で、アーミッシュの人々は、一緒に集い、友好と楽しみの時間をもつ。若者たちは、日曜日の夜、家々に集まり、歌の会をもつ。結婚した二人は、ときどき、友人と会い、寝たきりの人や老人たちの家を訪問して、歌をうたう。陽気な集まりでは、仕事と遊びが一緒に混ざり合うのだ。親たちは、九月に始まる学校に備えるため、修学前に集まりをもち、楽しい時をすごす。学年末のピクニックでは、両親たちと子供たちが一緒になって、昼下がりに食事をし、ゲームをする。

キルトづくりの集まり、納屋造り、そして、慈善オークションは、老いにとっても若きにとっても同じように、善意とおふざけ、そして、きつい仕事が混ざり合う場である。他の共同作業、たとえば、火事の後片付け、病気の隣人のための耕作、具合が悪くなった母親のためのガーデニング、サイロの積み上げなどの際、近所の人たちと拡大家族は、思いやり、汗、そして楽しい戯れのエピソードに巻き込まれる。時に五～六人になる姉妹は、成人した後、「姉妹の日」に、そのうちの一人の家に集まり、笑いに包まれながら、掃除、キルトづくり、瓶詰め、ガーデニングなどを一緒に行う。

農業設備機器のオークションは、二月、三月に開かれる。一軒の家屋に多くの人々が参集する。一日中行われるオークションでは、入札の機会が得られると同時に、十分な時間をとって交流がなされ、和気あいあいとした楽しい時がながれる。近くの広場や納屋の前庭では、コーナーボールゲームが行われる。これは、オークションに負けないほどの人気である。家具家事用品オークションや馬セールにおいても、楽しい社交の時がもたれる。

夏の家族親睦会だけでなく、宗教上の休日にも拡大家族が集まり、一族のネットワークは活力を取りもどす。独身女性たちは、時々、小屋や一軒の家に集まって、一週間の間、楽しみ、そして、くつろいですごす。ランカスター居住地の人々はまた、専門的関心を持った人々の全国年次大会に出席する。馬具製造業者、飾り棚製造業者、金工師、会計士、女性事業家、障害者を抱えた家族である。

アーミッシュの休日暦は、自分たちのコミュニティが外の大きな世界から分離していることを強調するものになっている。良心的参戦拒否者として、彼らは、軍事フェアがなされる記念日にほとんど関心を払わない。戦没者記念日、復員軍人の日、独立記念日を完全に無視している。労働者の日にさえ、ほとんど関心が持たれない。アーミッシュの精神からすれば、ハロウィーンの魔女やゴブリンもよそ事だ。顔を刻んでいないカボチャを飾る家族もあるが、パーティーをすることは決してない。

アーミッシュの休日によって季節のリズムが保たれ、伝統的宗教行事が保存される。休日は、仕事から解放される日であり、アーミッシュの一年に、宗教的気風を吹き込む。秋と春にもたれる

手作りのアイスクリームは、家、そして社会的集まりでの好物だ。この男は、小さな蒸気エンジンをつかって、大きなアイスクリームフリーザーを回している（ずっと右側、隠れて見えない）。

宗教行事では、祈りと断食で、一日がすすむ。秋の火曜日と木曜日に行われる結婚式は、訪問をしたり、お祝いをするのに十分な休日となる。結婚式に出席する予定のない人々は、家族で集い、七面鳥のディナーで感謝祭を祝う。元旦は、家族が集まりをもつ静かな時である。人を酔わせるパーティーや延々と続くフットボールゲームとは無縁だ。クリスマス、イースター、五旬節には、もう一日、休日が付け加えられている。本来の休日は、家族で静かに活動してすごす神聖な時である。次の日、すなわち、クリスマスの次の日、復活祭の翌日、聖霊降臨日の次の日は、リクレーション、訪問、そして時には、買い物の日となる。聖霊降臨日に先立ち、キリスト昇天日は休日となり、訪問や魚釣り、他のリクレーションがなされる。「ラムシュプリンガ」の期間にある若者は、友達同士でひんぱんに訪問しあう。あるアーミッシュの男は言う。「青春の休日期間のこの時期ほど、ひんぱんに行き来し合うことはないよ」。

クリスマスとイースターを、市販の装飾品で飾ることは比較的少ない。家族は、クリスマスカードと贈り物を交換する。プレゼントの中には、手作りの工芸品や実用品もあるけれども、店で買う品物が次第に多くなってきている。家々は、モミ・ヒイラギの緑枝で装飾される。しかし、クリスマスツリー、靴下、イルミネーション、サンタクロース、そして、ヤドリギはない。卵に絵が描かれ、子供たちはカゴいっぱいのキャンデイをもらうこともあるけれども、イースターウサギが、アーミッシュの家を訪れることは決してない。これらの神聖な休日は、市販のちゃちな装身具や世俗的大騒ぎではなく、宗教的慣習と家族の集いの周りを回っているのだ。

誕生日は、家と学校において、ケーキと贈り物で静かに楽しくお祝いをする。ただし、道化、風船、クラッカーを使った大きなパーティーにはならない。両親は、よく、学校の友達を家に呼び、ケーキ、アイスクリーム、クッキー、アイスキャンデーで、子供の誕生日を祝う。アーミッシュ世界における休日の催しは、宗教的ルーツを再確認し、家族の絆を強め、外の大きな世界からの分離線を強調するのである。

15

レジャー

アーミッシュ文化では、レジャーと遊びに対して、歴史的に疑いの眼差しがなげかけられてきた。なまけていることは、悪魔の仕業と見なされるのだ。しかし、近年、小規模工業が勃興して、リクレーション色の強い活動にまわせるお金が得られるようになった。あるアーミッシュ事業家は言う。「われわれは、もう、僻地の農家ではないんだ。時々は、ものごとから離れる必要があるのさ」。

新しいリクレーションの企ては、ほとんど、アーミッシュの価値によって囲まれたままである。リクレーションは、グループ活動を基本としていて、商業的娯楽より、大自然と旅行に傾斜している。たとえば、牧草地や植林地でのキャンプは、非常に人気がある。ランカスター・アーミッシュは、バケーションをとることはほとんどない。しかし、バスやバンをチャーターして、他州のアーミッシュ居住地へ旅をすることはよくある。そのなかには、バージニア州シャナンドア渓谷やナイ

バレーボールは、レジャー活動として盛んであり、特に、若者に好まれる。

アガラの滝といった景勝地も含まれる。メキシコに治療に行く患者のなかには、合衆国南西部の自然景勝地を訪れる人もいる。再会のため、特別の集まりで、あるいは、歴史探訪のため、他の居住地へのグループ旅行が、ひんぱんになされる。また、グループで州立公園を訪れたり、動物園へ行ったりもする。業者のバスツアーに参加して、史的場所をたずねる人々もいる。また、バスやバンに乗って、ボランティアとして被災地に行き、洪水、竜巻、台風の後片付けと再建に汗を流す。これらはもちろん、善意でなされるのであるが、同時に、レジャーを楽しむこともある。

若者の間では、ソフトボール、そり

滑り、スケート、ホッケー、スキー、水上スキー、水泳など、季節のスポーツが盛んである。バレーボールも、幅広い人気がある。若者は、テニスやラケットボールを楽しむ。水泳を楽しむのは、ほとんどの場合、農場の池や近くの小川である。しかし、はるばる海まで旅をして、砂浜で水しぶきにたわむれる十代の若者もいる。

魚釣りとハンティングは、人気のあるスポーツだ。ペンシルベニアの他の郡に自分の狩猟小屋を持っていて、オジロ鹿をハンティングし、家から一時の猶予を楽しむアーミッシュ男性もいる。男たちにとって、夏の沖釣りは、人気のある遊山旅行だ。だが多くの家族は、近くの小川での魚釣りやカヌー遊びの方を好む。家族の集いやピクニックでは、輪投げが人気だ。若者、そして時には大人の中には、西部へ向かい、大物ハンティング、スノーモービル、山岳スキーを楽しむ人たちがいる。

老夫婦は、冬の間、数週間、フロリダへ旅をする。そして、サラソタの近くにあるアーミッシュ退職村に住む。そこは、各州からのアーミッシュの避寒者であふれる。「サラソタは、新婚夫婦、ほとんど死にかけの人々、そして、パンク刈りの若者のスポットさ」というジョークすらある。

アーミッシュの人々は、レジャーのために、列車やバスで旅行をするけれども、バンを借り上げる方がはるかに人気がある。家族、友人たち、親戚一同で一緒に旅行をして、おしゃべりを楽しみ、笑いころげる。それが、コミュニティの絆を強め、コミュニティの生活を築きあげていくのだ。

16

学校と教師

アーミッシュの子供たちは、二〇世紀前半まで、地域の一教室制公立学校へ通っていた。これらの学校は、地域で管理されており、アーミッシュの価値をなんら脅かすものではなかった。しかし、一九五〇年代初頭の大規模な公立学校統合化により、アーミッシュと州当局との間で衝突が起こった。いくつかの州で、法的に争われたが、一九七二年、合衆国最高裁は、八年制のアーミッシュ学校を認可し、アーミッシュの若者は一四歳で正式の学校を終えることができるようになった。

今日、一校あたり三〇~三五人の学者（アーミッシュは子供たちをそうよぶ）が、ランカスター郡に約二〇〇校ある一教室制アーミッシュ学校に通っている。学校の一日は、聖書と主の祈りの朗唱で始まる。しかし、学校では宗教を正式には教えない。カリキュラムは、読み、算数、綴り方、文法、書き方、歴史が主であり、そして地理が少し含まれる。授業は英語でなされるが、ドイツ語もカリキュラムの一部に入っている。理科と性教育はない。同様に、公立学校に多くみられる典型的な装飾物――スポーツ、ダンス、カフェテリア、クラブ、バンド、コーラス、コンピュータ、テレビ、教師のストライキ、学生相談係、校長、就職募集員――はない。

三～五人の父親からなる地域運営委員会が、学校を組織し、教師を雇い、カリキュラムを承認し、予算を管理し、学校の維持管理を行う。アーミッシュの教師は、アーミッシュ学校で学んだだけであり、州当局から免許を得てはいない。アーミッシュ学校で学んだ子供たちのうちで、最も聡明で優れた人たちが、クラスへ戻って教えるのである。教師は、一〇代後半から二〇代前半が多い。アーミッ

ランカスター郡居住区には、一教室制アーミッシュ学校が約200校ある。

シュ学校の役員は、教える力、アーミッシュ価値への傾倒度、役立ち具合を考慮して、教師を選ぶ。多くの場合、教師は独身の女性で、結婚により教員生活を終える。彼女らは、高校や大学、その他の正式な訓練を受けずに、八学年、三〇人もの子供たちを教えるのである。他の教師との定期的な集まり、教師用月刊誌、そして豊富な常識が、教育に対する備えとなる。

学校の最後の日、一年生の一人が、朝早く学校へと向かう。彼女は息せききって教室に入って行き、教師のところへ走り寄る。「これ、先生に！」と言って、微笑みながら水仙の花束を手渡す。「小川のほとりで、集めてきたの」。他の子供たちはそれぞれ、最後の日の贈り物を持ってくる。手縫いの品、焼菓子、工芸品、木工品。これらは、五月の中旬、子供たちの心から流れ出た愛の果実なのだ。ある教師は言う。「お金のために働いているんじゃないわ。もっと心のこもった贈り物がいっぱいある――親教室でのうれしそうな微笑、ある家族とすごした夕べ、誕生会、そして、結婚式への招待――これらはとっても価値あるものだわ」。

生徒は、各学年三～四人ではあるが、教師は、一度に、二つの学年を指導することがよくある。多くの子供たちがせわしく活動するなかで、教室には、ある規律がはっきりとみられる。一〇分から一五分ごとに、教師はある学年から別の学年へと移って指導をする。その時、屋外便所の使用や図書の本を取ることの許可を得るため、あるいは指示された内容をはっきりさせるために、子供たちは手を挙げるのだ。

協同作業、服従、尊敬、勤勉、親切、そして自然を強調するのが、教室の気風である。独自の思考や批判的分析は公教育で尊重される価値であるが、それらにはほとんど関心が払われない。秩序に重きがおかれているけれども、陽気ないたずらや、くすくす笑いはありふれた光景だ。休み時間には、校庭で、ソフトボールや素朴なゲームが行われる。

教師は、八学年にわたって責任を負っているにもかかわらず、個々の生徒に、並々ならぬ注意を払う。教師は、子供たちひとりひとりの環境条件だけでなく、両親を個人的に知っている。子供たちは、八年間ずっと、同じ教師から学ぶことがある。実際、ある家庭の子供たちが皆、同じ教師につくこともある。

アーミッシュ学校は、子供たちに対して実際的な技術技能を促進し、卒業した後、アーミッシュ社会においてうまくやってゆけるよう準備をする。あるテストによれば、アーミッシュの子供たちの基礎的学力は、公立学校の同世代の子供たちと同等かそれ以上であることが示されている。公立学校とは異なっているけれども、これらの小規模学校は、アーミッシュの子供たちが、アーミッシュ社会において有意義な生活ができるよう準備をするのである。協力、責任、懸命の仕事、そして生活に対する基礎的技術技能を教えることによって、一教室制のこの学校は、アーミッシュ文化を維持し、保存するのに、決定的な役割を果たしている。学校は、アーミッシュの価値を強化し、また世俗的考えに子供たちが汚染されることを防ぐ。アーミッシュ学校は、子供たちが成人の方へ踏み出すにあたり、若者をアーミッシュ世界の領域内にかくまうのである。

17

ラムシュプリンガ

近年、「ラムシュプリンガ」ということばが、外の大きな社会で認められるようになってきた。なぜなら、「都会のアーミッシュ」などのテレビ番組で、アーミッシュのティーンエージャーにスポットライトがあたったからだ。一〇代後半は、彼らの人生の中であいまいな時期である。一般の若者と同じように、一〇代のアーミッシュの若者は、無邪気な幼年期と責任ある大人との間を揺れ動く。しかし、彼らの場合は、高校と大学を飛び越え、幼年期からすぐに成人になるので、自分探しにほとんど時間を割けない。彼らは一六歳になると、週末に友人たちと外出を始める。「ラムシュプリンガ」、つまりこの「遊びまわる」期間に、若者の多くは異性との付き合いを始める。そして、アーミッシュ人生におけるこの舞台は、結婚で幕となる。

ランカスター地域の若者は、この居住地を縦横に結んでいる二〇以上の若者グループの一つに入る。お目付け役の大人たちが、グループの半分以上を監視している。しかし、残りのグループは、自分たちで活動を決めている。各グループは、一〇〇人から二〇〇人ほどで、それぞれ、「青い鳥」、「流れ者」、「ショットガン」などの名がついている。そして、日曜日の夕方、一人のメンバーの家に集まり、夕食をとり、歌をうたう。季節相応の天候の時にはバレーボールをして遊び、冬の間はダーツ投げやピンポンをする。ソフトボールをしたり、スケートやハイキングにも行く。

お目付け役がいない場合は、時々、反抗的になったり、アーミッシュの価値を軽視したりするグループもある。このようなグループの若者の中には、車を所有し、

異性との付き合いは、「ラムシュプリンガ」の時期に始まることが多い。

映画を見に行き、街へ繰り出してバーで世間並みの交際をしてみたり、週末に海岸に行ってはめをはずしたりする者たちもいる。中には、建物を借りてそこに集まり、パーティを開くグループもある。そのような行動は教会のリーダーたちを困らせ、両親の胸をしめつける。一九九八年、再洗礼を受けていないアーミッシュの若者二人が、パガンモーターサイクルクラブのメンバーからコカインを買い、それをアーミッシュの友人に転売したかどで逮捕された。センセーショナルなこの話は、世界中のニュースメディアを熱狂させた。アーミッシュの親と年配者たちは、この希有な出来事に困惑し、他の若者たちに対して、懸命に薬物の危険性を教えた。このような世俗的な戯れ遊びにも関わらず、若者一〇人のうち九人までが、最終的に教会に参加する。

洗礼に際して、成人したばかりの青年たちは、キリスト教徒としての信仰を宣言し、信仰深い教会メンバーとして残りの人生を過ごすことを約束する。洗礼時の誓いを破った者には、シャニングや破門が待ってる。洗礼を受けないことを選んだ若者は、徐々にコミュニティからはじき出される。しかし、家族と付き合い続けることは良しとされ、シャニングの刻印を受けることはない。

「ラムシュプリンガ」の期間中、若者は、若気の至りから放蕩をするが、これによって、教会メンバーになることが選択の一つだという気持ちをもつのである。そして、実際、ある程度まではその通りなのだ。別の道を探す若者もいるが、アーミッシュとして生活してきたことの影響力は大きく、ほとんどの場合、彼らは洗礼に向かうのである。家族、友人、学校、恋人など、網目のような人間関係以外に、経済的動機もまた、若者を家の方向へと引っ張る。一〇代の年月が自由であることによって、自分が選びとるんだという意識が生まれる。そして、この認識によって、大人たちは、その後の人生を「オルドヌング」を遵守して生きようとするのだ。結局、彼らは教会に加わる前に、外の世界を探検して、教会メンバーになることの見通しをつける機会をもつことになる。このような考え方によって、大人たちの教会への関わりは強まるのである。

18

結婚式

結婚式のシーズンは、楽しい時節だ。ランカスター・コミュニティでは通常、収穫期の後、一〇月のおわりから一二月のはじめにかけて（一月にまでずれ込むこともあるが）火曜日と木曜日に、およそ一五〇の結婚式が催される。同じ日に、一五もの結婚式が居住地域のあちこちでもたれることもある。この楽しいイベントは、花嫁の家で催されるのが通例である。三五〇人以上の人々が集まる三時間の宗教儀式のあと、二回の食事、歌、スナック、そしてお祭り騒ぎとなる。

若者はたいてい、二〇代前半に結婚する。教会の洗礼を受けた若者だけが結婚できる。男性は、結婚後、すぐにあごひげを伸ばし始める。これは、結果的に結婚指輪と同じ意味をもつ。教会は結婚を仲立ちすることはないが、古くからの儀式で二人を祝福する。結婚式の前に、花婿は彼の教区の長老が署名した手紙を受け取り、花嫁側の執事に渡す。この手紙は、花婿になる彼の教区での素行の良さを記した証明書である。花嫁側の執事は、彼女に会って結婚の意志を確認する。

結婚式は通常、花嫁の家で催される。右手の建物は、結婚式に参加する 300 人もの招待客が入れるように改築された。

結婚式当日は、花嫁の家族にとって途方もない一日となるが、準備を手伝う親戚の人々や友人たちにとっても大仕事が待っている。数多くのことがらの中で、掃除、部屋の飾りつけ、家具の固定、雑草引き、私道の整備が何週間も前から行われる。招待客何百人分の二回の食事とスナックの調達、準備は、とても骨の折れる仕事だ。

花、指輪、そして独奏も楽器演奏もない三時間の式は、アーミッシュの礼拝と似ている。結婚式には、人々の歌、祈り、結婚の誓い、そして二つの説教が含まれる。たいてい、兄弟姉妹か親戚の中から、四人の独身者が、二人の付き人になる。

しかし、花嫁付き人や花婿付き人が指名されることは決してない。アーミッシュの花嫁はたいてい、自分のウェディングドレスを、伝統的な方法で作られた紺か紫色の生地で縫いあげる。花嫁は、白い帽子をかぶり、ドレスの上に白いエプロンをつける。花婿は、新調したてではあるが、いつもの黒いコートとベストを着る。さらに、花婿と付き人たちは、小さな黒い蝶ネクタイをつけることが多い。

結婚式の昼食メニューは、ローストチキンがメインである。これは、パンの詰め物をしたチキンで、マッシュドポテトとグレイビー、セロリのクリーム煮、胡椒風味のキャベツ、そしてその他多くの料理と一緒に供される。デザートには、梨、桃、プディング以外に、何十種類ものパイと何百ものクッキーやドーナツが出される。

昼食後は、ゲームやスナック、そして歌が続く。そのうちのいくつかは着席して行われる。少年はそれぞれ、午後の歌のために少女を一人選ぶ。夕食の後には、もっと素敵な歌の会がもたれる。その際、花嫁は、付き合っていない未婚の若い二人をカップルに決める。すでに付き合っているカップルも仲間入りをするが、彼らは注目の的となる。なぜなら、何人かの人たちにとって、彼らがカップルとして公になるのは初めてだからだ。お祭り騒ぎは、人々が徐々に帰宅する真夜中近くまで続く。同じ日にいくつかの結婚式に招待されている人たちは、結婚式をはしごする。

結婚したての二人は、結婚式が終わったその年の春に、所帯を持つのが普通である。花婿はそれまで、花嫁の家に住む、あるいは彼の両親と住み続ける。伝統的なハネムーンの代わりに、二人は冬の間、週末に親戚を訪問する。結婚したてのカップルのいくつかは、一緒に挨拶廻りをする。そして、近い親戚の家に泊まることもある。この訪問期間に、家族や友人たちは、新婚ほやほやの二人にプレゼントをする。贈り物は家具の場合が多く、嫁入り道具に加えられる。

19 土地を守る人々

アーミッシュの生活は、大地に根ざしている。ヨーロッパでの迫害によって辺境に追いやられて以来、彼らはずっと大地の耕作者であった。しかも、良き農夫であった。大地によって、彼らの共同生活と忍耐強い家庭がつくり上げられたのだ。あるリーダーは次のように言う。「それは、ずっと昔からの伝統です。アーミッシュの家族は、土と密接に結びついている農場で暮らしています。そして、息子に農場を与えるのが良い父親なのです」。しかし、ランカスター郡では、近郊市街地がどんどん拡大し、ショッピングモールが数多く建設されて、長く続いてきたこの習慣は危機に瀕している。何千エーカーもの農地が、毎年、アスファルトと新興住宅開発地で埋め尽くされていく。都市化は、最良の農地を壊滅させ、土地の価格が高騰する。ランカスター・アーミッシュ居住地中心部の農地は、一エーカーあたり一五、〇〇〇ドル以上もする。したがって、若い夫婦にとって、土地、諸々の設備、家畜を購入し、借金を返済し、そして農業で生活費を稼ぐとなると、もはや不

父と兄弟姉妹の助けを借りながら、10 代の若者が 1 人で、朝夕、約 30 頭もの乳牛の乳搾りを担当している。

可能に近い。

農場が入手しにくくなると、アーミッシュの生活は危機に瀕する。コミュニティは、いくつかの方法でこの危機に対処してきた。農場を小さく分割して、集約農業や酪農業を推し進めてきた。ホールセール・オークションや都会の農家市場で販売する品物の生産は、新たな農場様式である。農民の中には、高い値で売れる有機野菜、ミルク、卵に転向する人たちもいる。他に、ペットショップ用の小動物を育てている農家もある。都市化の侵入から逃れるために、土地がもっと安く購入できる他州の片田舎に移住した人々もいる。子供を育てるには農場が最適だと考え、そこに留まる家族もある。しかし、その彼らも、トラクターを使って農業を行う非アーミッシュの農家に土地を貸している。

ランカスター・アーミッシュの約三割は、まだ、土を耕すことで生計を立てている。伝統的農家の主な収入源は牛乳である。一等級の牛乳に適合する品質を得るため、公共の電気ではなく、ディーゼルエンジンによって動く冷蔵設備のついた大きなタンクに、牛乳を冷貯蔵している。彼らはまた、自動真空搾乳器を使っている。最新の獣医学の利用、ワクチン接種、薬物治療、そして市販飼料が、酪農業の生産性を高めている。農業コンサルタントは、アーミッシュ農家に、化学肥料、殺虫剤、除草剤を使うようすすめている。

近代的に見えることが多くあるけれども、アーミッシュの農家はいくつかの点で非アーミッシュのやり方とは異なっている。乳牛の数を抑えて、家族での操業を維持するため、「オルドヌング」は、搾乳室、サイロ・アンローダー、自動排水溝掃除機、そして、乳牛から冷蔵貯蔵庫に牛乳を送るガラス製のパイプラインを禁止している。このような方法をとることで、乳牛の数は、非アーミッシュの農家よりも少なく抑えられている。かいばや厩肥処理の動力は、水力ポンプや空気圧ポンプ、そして巻き揚げ機によることが多い。

酪農用の飼料は、アルファルファとトウモロコシに大きく依存している。アルファルファは夏の間に四回刈り取られ、冬期の飼料用に干草梱包される。飼料用トウモロコシの若穂、そして他の部分すべては、刻まれて、高いサイロに吹き上げられる。乾燥したトウモロコシの穂は、秋に収穫し、芯から粒を取り、粉に挽いて、牛の飼料とする。残ったトウモロコシまぐさは、俵に梱にされ、敷わらとして使われる。

六〇エーカーの酪農場には、四〇頭の牛、三〇頭の子牛と若い雌牛、さらに一〇頭のラバと馬がいるので、自動化にも関わらず、仕事は延々と続くのである。約四〇〇トンのトウモロコシ若穂が、冬期の飼料用牧草として八月の終わりに刈り取られ、納屋まで運ばれ、サイロに吹き上げられ貯蔵される。さらに、干草約一〇〇トンが埃っぽい畑で巻上げられ、納屋に運ばれ、貯蔵される。冬の間は、毎日約二トンの飼料が家畜に与えられる。また、何百トンもの厩肥が、肥料として畑に運ばれ、散布される。自動化にも関わらず、このように、農家の仕事はきつく汚いままである。

都市化の波を少しでも食い止めようと、アーミッシュ土地所有者の多くが、ランカスター郡の土地保存運動に協力している。土地を合法的に農地として保存することに同意すれば、エーカー換算でお金が支払われる。一九九一年以降、一三五ほどのアーミッシュ農家がこれに参加し、総面積九〇〇〇エーカーの土地が開発から守られた。これによって、少なくとも幾つかのアーミッシュ農場は、後世のため確実に保護されることとなった。

20

小さな産業革命

ランカスターのアーミッシュは、家族をバラバラにし、大人たちを文化的堕落にさらす恐れのある、工場での仕事をきっぱりとはねつけてきた。さらに彼らは、「弁当箱持参の仕事」に就いて、保険の付加給付を受けたならば、相互依存の絆がほどけしまうと堅く信じている。土地を圧迫され、工場に嘆き悲しみつつも、先祖伝来の農場の近くに残りたいとの思いから、リーダーたちは妥協策をあみ出した。土地から離れるかもしれないが、工場へとぼとぼと歩いていくことにはならないように、代替物として、アーミッシュの価値観に根ざした独自の工場を創りだしたのだ。多くの小規模家内工業である。

このような小規模産業の勃興は、ランカスターのアーミッシュ・コミュニティにとって、歴史的な転換点と位置づけらよう。一九八〇年代から急成長してきた新しいこれらの企業群は、アーミッシュの風景を一新した。ある物知りの老人は、ずらりと並んだ新しい仕事をひやかしてこう言う。

「今や、我々にないものといったら葬儀屋だけさ」。まったくその通りというわけではないが、皮肉っぽい彼の言葉は、アーミッシュ・ビジネスの急成長をよく物語っている。小売店では、乾物、家具、靴、量り売り食品を売っている。今や人々は、大工、配管工、塗装工、そして独学ながら会計士として働いている。しかし、弁護士、医者、獣医などの専門職は、彼らの職業範疇に入らない。

新しい産業は三つの形で現れた。農場や家の近くにある家族経営の企業は、家族や近隣の人、数人を雇っている。数百にも及ぶ家族経営企業の例として、パン屋、工芸品店、金物屋、健康食品店、温室、キルト店、花屋、なんでも修繕屋などがあげられる。このような設定によって、仕事は、家族の周辺で廻っている。「私たちがしようとしているのは、家族が一緒にいることなんだ」とある経営者は言う。成長しつつあるこれら小規模家内産業は、観光客が利用する場合もあるけれども、その多くはアーミッシュや近くの非アーミッシュの人々向けである。

比較的大きな工場や関連する製造所は、農場の端か商業区画に新しく建てられたビルの中にある。これらの工場は、普通、一五人以下の人々を雇用しており、農場の機械、水圧機器、物置小屋、家具、戸棚等を作っている。金属製造工場は、他の製造業者の下請けで潤っている。比較的大きなこれらの産業は、効率がよく、利益もあがる。低い経常経費、最少の広告、節度ある経営、低賃金、質のよい熟練技、そして純然たる重労働によって、多くの工場は、市場でも競争力に秀でている。

移動型の労働者たちは、第三の産業形態を形作っている。アーミッシュの建築業者は、ランカスター郡や周辺地域の建設用地に出向く。移動型労働者の多くは、ランカスター郡における建築ラッシュによって潤っている。彼らは、借り上げた車に乗って移動し、携帯用小型発電機やオンサイト発電（使用する場所で発電）から動力を得て、最新の道具類を使用している。移動型の仕事のもう一つの形が、農産物のスタンド経営である。多くのアーミッシュが、南中央ペンシルベニア、ニュージャージー、デラウェア、メリーランドの市場で、一週間のうち数日間、スタンドを営んだり、販売に従事したりしている。

　これらの新しい産業は、いくつかの点で、アーミッシュ文化の刻印をとどめている。第一に、それらは小規模である。教会のリーダーたちは、何百人もの人々を雇った場合、

オークションの会場で、フォークリフトに乗って遊ぶ男の子たち。非農業の職業へ移行することによって、子供たちはたくさんの新技術に直に触れる。

大規模経営による悪魔のわな、すなわちプライド、世俗、過大な力、名声などがもたらされるのではないかと危惧している。比較的小規模であれば、仕事に融通をつけやすいので、葬式、結婚式、特別の休日など、コミュニティの活動をこなすことができる。小規模経営はまた、手仕事に尊厳をもたらし、職人の技能に誇りを抱かせてくれる。アーミッシュは、専門的な訓練を受けてはいない。にもかかわらず、彼らは、仕事の期日と条件を自分たちで管理するので、職業人として立派にやっている。成功を示す顕著な例の一つとして、新ビジネスの失敗率の低さがあげられる。この値は、全国平均が六五パーセント以上であるのに対して、アーミッシュでは五パーセント以下である。

この小さな産業革命は、一七〇〇年代、アーミッシュがランカスター郡に入植して以来、最も大きく、そして最も重要な社会変化である。長い目で見れば、新興ビジネスによって、農家、起業家、そして日雇いという社会の三層化がすすみ、彼らの社会的平等性は混乱をきたすだろう。裕福になった工場長は、自分が得た利益をコミュニティに還元するだろうか。それとも、自分の生活を向上させるのに使うだろうか。あるアーミッシュ男性は、次のように疑問を投げかける。「たとえ彼らが利益をコミュニティに還元したとしても、影響力が大きくなって、いやらしいやり方で、自分たちの自尊心を強めることになるんじゃないのかい？」。週に四〇時間、現金をポケットに入れるような働き方をする若者たちは、アーミッシュの伝統的価値、すなわち簡素と倹約を軽視するようになるのではないか、と親たちは危惧している。新しい産業は、外の世界と交わる機会を増やす。そのような交わりが何世代にもわたって続くならば、アーミッシュの生活は、確実に大きく変化するだろう。

21

女性起業家

小さな産業革命が、アーミッシュの女性たちに新たな職業への扉を開いた。女性は、伝統的に農場と家庭に結びついていたが、今や起業家として活躍する人々もいる。独身女性は、非アーミッシュのさまざまな所で、これまでずっと女中や店員として働いてきた。しかし、ビジネスに従事するアーミッシュ女性の出現は、新たな転換点である。フェミニズムの風にあたることなく、女性起業家はさまざまな理由から成功している。

農場の入手が困難になってきているので、生計を立てるために新たな手段を探さねばならなくなった家庭もある。観光客の大群が押し寄せてアーミッシュ工芸品を求めるので、キルトなど伝統的な手工芸品を売る手軽な市場がもうすでに存在している。家内工業の勃興もまた、新たな工芸品の創出と発展に拍車をかけている。

教会のリーダーたちは、一般的に、女性の開業には関与しない。彼らは、女性のビジネスへの

公共の催しでソーダ水を売る娘たち。こうして彼女らは、企業家としての技術を学び、経験を積む。

参入を咎めない。しかし、小さな子供がいる場合には、家庭から離れて働くことを思いとどまらせる。職業に携わる新しい女性たちの何割かは独身だが、他の人々は孫をもっている。比較的若い世代の母親もいる。いずれの場合も、しばしば子供たちに助けられながら、女性たちは家事をこなし続ける。

アーミッシュ女性は、いろんなビジネスを展開しているが、そのほとんどは、家か近くに構えた仕事場でなされている。多くの女性は、家事のかたわら、道路端の小さなスタンドで、季節に根ざした物品を売っている。家庭菜園の野菜、手工芸品、フルーツ缶詰、ゼリーやパン等である。他の人々は、衣料品店、食料品店、パン屋、温室、花屋、仕立て屋などを本格的に経営している。中には、ランカスター郡から何時間も離れた都市部の農家市場スタンドの販売や経営に携わっている人もいる。ある女性は、朝食付きの宿（B&B）を営んでいる。芸術家として自営でやっている人もいる。そして、もちろん、キルト作りは大きなビジネスである。キルト作りは、時として、その生産工程をいくつかに分けて、別々の場所で担当箇所の製作を行うことがある。起業家は、他郡のアーミッシュ女性から、そして州外に住むアーミッシュ女性からさえも、いろんな製作段階のキルトを購入する。これらの工程を管理している女性が、キルトづくりの最終段階を受け持って完成品とし、でき上がったキルトを卸売り業者に売る、あるいは小売市場に置く。アーミッシュの女性の中には、訪問販売に係わり、主人、コンサルタント、あるいは頒布者として働いている人もいる。有名なものとして、タッパーウェア、パンパードシェフ、プリンセスハウスなどがある。

家内工業は、女性の役割と関係してきた品物の製造と販売に携わるのが一般的である。たとえば、菓子、パン製品、菜園収穫物、キルト、健康食品、衣服などである。これらの商業的事業は、小規模、家族経営、家族操業といった、アーミッシュの道徳的秩序価値をしっかり抱えもっている。したがって、女性が化粧品を売ったり、ビデオ店を経営したり、美容室を開いたりすることは考えられない。

外部の人からの質問にどう答えるかを、長い間、夫にまかせてきたアーミッシュの女性企業家は、今や、非アーミッシュの製造業者、小売店、顧客たちと自由に交わっている。彼女らは、売買、経理、労務関係、経営に関して、ビジネス能力を伸ばしている。そしてまた、かつては聞いたことがなかった独立、つまり夫とは別口の現金収入の流れを享受している。このようなダブルインカムの取り決め、そしてビジネスでの女性の昂揚によって、何年か後、性役割は確実に変化するだろう。

22

自動車の謎

アーミッシュの自動車の利用の仕方には、まったく当惑させられる。車に乗ることは許されているが、自動車の所有や運転は禁止である。思わず戸惑ってしまうこの慣習は、外の人間には、不可解に思えるかも知れない。しかし、これは、アーミッシュの歴史という観点からは理にかなっているのだ。

二〇世紀も二〇年代に入ると、自動車は大衆的な乗り物となり、人々は、いつでも自由に移動できるようになった。車のおかげで、列車や路面電車の時刻表に縛られることもなくなった。また、地理的境界や地方根性が消え失せたので、自動車はアメリカ独立の象徴となったのだ。

しかしながら、世界から離れたままでいようとする田舎の人々にとって、この新しい発明はトラブルをもたらした。皆で一緒にすごしたいと望み、都会の生活を避けたいと思っているコミュニティにとって、車の機動性は脅威であった。自動車は、アーミッシュ文化のまさに核心部と衝突したのである。車は、近代というものが持つさまざまな果実の象徴であった。自由、加速、権力、機動性、自律、そして個人主義である。機動性をモットーとした個人主義社会にとって、車は魅力的であった。しかし、コミュニティを大切にする、安定した田舎の人々にとってはそうではなかった。

車にキーをさしたならば、人々は、悪徳と快楽の世界である都会へと走り去ってしまいかねない。教会のメンバーも、すぐに視界から消え去り、自由にさまよったあげく、独立してしまうだろう。それぞれが、自分の地位のひけらかしのために車を使うようになり、アーミッシュの平等な生活は崩壊するだろう。そして、車は確実に生活のペースを加速するだろう。アーミッシュのリーダーたちは、車が地元の教区の社会的結びつきを弱めるのでないか、つまり、コミュニティをバラバラに引き裂いてしまうのではないかと危惧したのである。

リーダーたちは危険を感じ、一九一五年、車の「所有」を厳禁とした。二〇世紀の半ばには、人々が時折、近所の非アーミッシュの車に乗るようになり、少しずつ、車が「使用」されるようになった。また、アーミッシュの居住地が拡大し、馬やバギーで一日のうちに辺鄙な場所まで移動するのが難しくなってきた。そこで、ビジネス、緊急時、そして社交訪問のために、自動車を使うことが次第に増えてきた。

一九五〇年以降、定期的にお金を貰ってアーミッシュにタクシーサービスを行う、非アーミッシュの人々が現れ始めた。現在では、多くの非アーミッシュの運転手が、ランカスター地域、そしてもっと遠くの場所まで、人々を自分の車で運んでいる。このタクシーサービスにより、彼らは、生計を立てたり、収入の一部としたりしている。馬やバギーで行くには遠すぎる場所での葬式、結婚式、その他の社会的集まりに、家族や友人たちはバンを借り上げて、出かける。

アーミッシュ産業が勃興し、そして繁栄してきたので、自動車の利用に拍車がかかった。アーミッシュ・ビジネスでは、商品の供給と配達のため、頻繁に自動車を借りる。移動建築業者は、借り上げたバンとトラックで建築現場まで移動する。会社の中には、非アーミッシュの人を雇い入れ、車を提供してもらうところもある。

自動車の「所有」と「利用」の間にしっかりと引かれたこの線は、近代

このバンはトレーラーを引いている。そこには、女性たちが経営している市場のスタンドへ持っていく焼き菓子がいっぱい積んである。多くのアーミッシュ企業では、外の人が運転するアーミッシュ・タクシーを、日決めで雇うのが普通である。

と伝統との間の文化的妥協を示している。このような実際的解決によって、車を寄せ付けることなく、車を利用してコミュニティを促進し、ビジネスを強化することができたのだ。移動が制限されているので、家族は一緒に過ごすことができ、仕事は家の近くでなされ、地元での付き合いが保持される。車の利用をこのように管理することによって、アーミッシュの伝統に対する信念が維持されるのである。そしてまた、ある程度の自由がもたらされ、大きな社会の中で巧妙にやることができるのだ。

23

トラクターと農場の機械

トラクターは、アーミッシュの生活におけるもう一つの謎である。トラクターは、農場では当たり前の機械だが、畑に乗り入れることはほとんどない。なぜ、納屋では利用されるのに、畑では使われないのだろうか。他の謎と同様、この謎も歴史に根ざしている。アーミッシュのリーダーたちがすでに車を禁止していた一九二〇年代初頭、アメリカの農家ではトラクターが使われるようになってきた。年配者たちは、農民たちが必需品や食料雑貨を買うために、トラクターに乗って町に行くようになるのではないかと危惧した。そのようなことが習慣化すれば、いずれ自動車の利用に結びつくに違いないだろうと。

しかし、畑でのトラクター使用が懸念されたのには、別の理由があった。第一に、トラクターはアーミッシュの若者から仕事を奪ってしまう。ことあるごとに労力を使わないようにしようとする現代人とは異なり、アーミッシュにとって、仕事は、家族を一つにまとめるための健全な方法であり、歓迎すべきものなのだ。トラクターを納屋に留めておけば、アーミッシュの若者に畑仕事をとっておくことができるし、家族をバラバラにする恐れのある工場での仕事から若者を遠ざけておくことができる。さらに、馬の使用によって農場での操業は制約されるので、小規模経営を続けることができ、家族だけで十分にやっていける。また、自走式の収穫機械は、すぐにトラクターの後を追うだろう。つまり、トラクターや自走式機械は、家庭生活を荒廃させ、企業型の大規模農場へ行き着くことになると彼らは懸念したのだ。

しかし、なぜ、納屋ではトラクターを許可したのだろうか？　一八八〇年代以降、アーミッシュ農家は、当時、すでに脱穀機の動力としてスチームエンジンを使っていた。小さな内燃エンジンもまた、のこぎり、肥料粉砕機、水圧ポンプ、洗濯機の動力源となっていた。したがって、年配者たちがトラクターを納屋での利用に限定した時、彼らは単に歴史を凍結したにすぎない。ちょうど過去に彼らがしていたように、納屋の周辺で、追加の動力としてエンジンを使ったのだ。

アーミッシュの納屋で、トラクターの動力は、粉砕機を動かし、換気ファンを回し、肥料ポンプや水圧設備を動かし、貯蔵用牧草を高いサイロの最上部まで吹き上げるのに使われている。この取り決めは、アーミッシュには具合が良く、ものごとがうまくいっている。トラクターを納屋につなぎとめておくことによって、家庭やコミュニティでの生活に脅威をもたらすことなく、酪農作業の回転を上げることができる。一番大切なのは、彼らが自分たちのアイデンティティーの象徴として、馬を使い続けていることだ。これは注目に値する。

ラバが最新式トウモロコシ種まき機を引っ張っている。ガソリンエンジンで動いている真空ポンプが、畝の上へ、正確に十インチおきに種を落としてゆく。

アーミッシュの畑では、トラクターの代わりに、馬とラバが近代的な機械を牽引している。この驚くべき組み合わせは、最初、バカバカしく思えるかもしれない。畑仕事でトラクターの使用をやめた時点では、馬が牽引する農機具はまだ比較的手に入れやすかった。非アーミッシュの農家が馬をトラクターに変え始めると、当然、馬が牽引する機械を入手するのが困難となってきた。アーミッシュは選択を迫られた。馬が牽引する機械を自前で製造するか、トラクターの機械を馬で利用できるように改造するか、あるいはトラクターを畑で使い始めるかである。そして、畑でのトラクター禁止は、固く守られたのである。

アーミッシュの工場は、自力で、馬が牽引する設備機器を製造し始めた。鋤、ワゴン、肥料散布機、噴霧器、トウモロコシ種まき機などである。ほとんどのアーミッシュ農家はまた、近代的なトラクターを取り入れ始めていたので、馬でそれを牽引するのに問題はなかった。一九五〇年代、アーミッシュ農民の何人かは、機械式の干草結束機を購入し、それを馬で牽引できるように改造した。動力として、結束機の上にエンジンを取り付け、その重さを、すぐ前にある座席と車輪がついた荷馬車が支えることで、馬によって結束機を牽引することが可能となった。伝統と進歩が混在したこの奇妙な組み合わせは、アーミッシュ農業の転換点となった。すぐに、エンジンによって動力を得ながらも、ラバと馬によって牽引される機械類が数多く製造され、農作業の生産性を向上させた。

その後ずっと、アーミッシュの機械工たちによって、トラクター用に造られた機械が、さらに多く馬用に改造された。ガソリンエンジンが、草刈機、トウモロコシ収穫機、回転攪拌機、噴霧器等に取りつけられた。うまい妥協案である。これによって、馬は畑に、そして家族は農場に留まることとなった。物事のスピードは落ちるけれども、新たな動力源が得られ、頑丈な作物を収穫し、生産性を上げたのである。他の技術についての謎と同様、伝統と技術進歩との間の微妙な妥協として、この謎は解けるのである。

24

アーミッシュ電気

衣服乾燥機、ヘアドライヤー、エアコン、食洗機、ビデオカセットレコーダー、テレビなどの家電製品は、アーミッシュの家にはまったく見られない。しかし、電気は別の用途で使われている。バギーについている赤い閃光燈は、近づいてきた自動車への警告灯だ。放牧地は電気フェンスで囲まれている。老人は時々、バッテリー式ランプの下で読書をする。家の戸棚には懐中電灯が置いてある。建築業者は、アーミッシュ農場にたくさんある電気のこぎりや電気溶接機を使う。電気の利用に関するこれらの謎には、どのような論理で線引きがなされているのだろうか。

一九二〇年代初頭、田舎でも電線からの電気が徐々に使われるようになってきたので、アーミッシュはそれを禁止した。大きな社会からの分離と自給自足を旨とする彼らにとって、外の世界の送電網につながるのはとんでもないことだったのだ。

アーミッシュは、それまでも、モーターを動かすのに、また懐中電灯を灯すのに、いつもバッテリーを使っていた。彼らは、ただ、昔からの方法、そして新しい方法でバッテリーを使い続けただけなのだ。大きな社会には電気が浸透してきたので、バッテリーに蓄えられた一二ボルト直流と公共の電線からの一一〇ボルト交流とは、彼らの意識の中ではっきりと区別された。彼らは、一一〇ボルト電流を禁止したのである。したがって、アメリカ家庭に流れ込んでいた新しい電化製品すべてに対して、どう対処するかについて激論を交わすこともなかった。あるアーミッシュ男性は次のように言っている。「俺たちは、なにも電気に反対しているのではないのさ。テレビやコンピュータなど、近代的家電が運んでくるもの全部に反対しているんだ。一度、電灯を使ったなら、いったいどこでやめられると思うんだい？」

アーミッシュの機械工場での電気溶接機の使用、そして、建築現場で働く建築業者の電動工具の利用を、年配者たちは徐々に許可した。さらに、一二ボルトの電気を一一〇ボルトの家庭で作った電気に変える小型変圧器を許可した。これはレジ、計算機、電動秤、コピー機を動かすことができる。一二ボルトのモーターは、農場や工場で、さまざまな小型機器を動かしている。家によっては、バッテリーを使って、ケーキミキサーのような家電製品を動かしている。

しかしながら、一一〇ボルト電気の禁止によって、アーミッシュ・ビジネスの生産性は著しく阻害された。工場は、電気以外のエネルギー源で動力を賄うことができるのだろうか？　この疑問は、小規模産業が勃興した一九七〇年代、緊急のものとなった。

アーミッシュの機械工たちは、水圧や空気圧で大きな設備を動かせることをすぐに見出した。ディーゼルエンジンの動力で水流ポンプや空気ポンプが作動して、加圧された油や空気が管の中を通り、のこぎり、噴霧器を回したり、その他の機械を動かすのである。いくつかの工場は、本来は電力で動く機器を、空気圧や水圧で動くものに改造することを専門にしている。明文化されない規則がすぐに現れた。「空気か油で動かせるなら、それを使ってもいい」。ある工場長は「アーミッシュ電気」の成功をほめちぎって自慢げにこう言う。「電気で動くものな

この巨大な研磨機は、電気ではなく空気圧動力と水圧動力で動いている。工場内の照明にはプロパンガスが使われている。

ら、なんでも、空気や油で動かせるさ!」。旋盤、ドリル、やすり、プレス機械などは、「アーミッシュ電気」で動く多くの機械の中の数例にすぎない。これらによって、アーミッシュ工場の生産性は急増した。

ディーゼルエンジンの動力もまた、アーミッシュ農場でさまざまな目的に使われている。農民は、空気圧動力栓や水圧動力栓につないで換気扇を回し、揚殻機を動かし、給餌器を操作し、水をくみ上げている。ディーゼルエンジンを動力とする空気ポンプや水流ポンプによって、アーミッシュの家庭内の多くの仕事もまた、楽になっている。「アーミッシュ電気」で動いている洗濯機、ミシン、アイスクリーム冷凍機、フードプロセッサーもある。

彼らの家の冷蔵庫、ストーブ、温水器、ガスランタンは、プロパンガスで動いている。アーミッシュ家庭における最新のエネルギー源は太陽光である。これは、バッテリーを蓄電して、小さな電気モーターを動かし、電気フェンスを充電するのに、ときどき使われている。

代替動力の利用によって、公共の電気を禁止しながらも、選択的に近代化が可能となった。空気圧動力と水圧動力は、彼らの自給自足の象徴であり、世界からの分離を強化する。そして、アーミッシュ・アイデンティティーをひときわ際立たせている。これら代替としての「アーミッシュ電気」は、進歩のまったただ中で、伝統を保持するためになされた創造的妥協の産物なのである。

25

技術の選択的利用

アーミッシュの一般的なイメージは、牛の乳を手で絞る有機農民たちといったものである。しかし、ランカスター・アーミッシュは自然の方法を好んではいるものの、近代技術を禁止している訳ではない。たとえば、バッテリーによる最新式発光ダイオードライトは、バギー、そして家や工場の周辺で使われる多数の機器に利用されている。数多くの技術により、台所、納屋、工場において、効率と快適さが増している。技術は、選択的に、そして時々、特別なやり方で利用されているのだ。

アーミッシュの主婦は、多くの一般的家事用品を使っている。スプレー式洗濯のり、洗剤、インスタントプディング、使い捨てオムツ、ジップロックの袋、パーマネントプレス加工した布などである。近代的なバスルーム、最新式ガス器具、そして空気圧で動く設備機器類が、アーミッシュの家庭ではよく使われている。バッテリー式の器具数種を除けば、家に電化製品や照明はない。電気ドライヤー、エアコンも見当たらない。暖房には、通常、ケロセン、石炭、プロパン、薪のストー

身体障害者は、バッテリー駆動の車椅子を広く利用している。後方の、鉄の車輪がついたベンチワゴンは、礼拝用長椅子を各家庭に運ぶために用いられる。

ブが用いられる。

さまざまな技術改善が農場の仕事を支えている。バッテリーで動く自動搾乳機、トラクター、巻き上げ機、溶接機、牛訓練用具などである。近代獣医学を利用するとともに、除草剤、殺虫剤、防腐剤、化学肥料が幅広く使われている。彼らはかつて、酪農牛の人工繁殖に難色を示していたが、今は、かなり広く行われている。しかし前に述べたように、農場での技術の受け入れには制約がある。

工場では非常に多くの設備機器を使っている。工芸品製造者の中には、プラスチックやガラス繊維素材を使用している人がいる。また、工場の設備機器のエネルギー源には、小さな一二ボルトのモーター、変圧器、そしてディーゼルエンジンが使われている。電子式レジ、コピー機、ワープロは変圧器で作動可能となり、一般的に使われている。一方、例外はあるが、コンピュータや汎用電化製品は禁止である。

電話は、技術に対する彼らの苦闘を示す一つの例である。家の中への電話の設置は禁止されているが、工場や納屋、家の近くの「小屋」ではよく見られる。家の中の電話は、一九一〇年頃に禁止された。しかし「利用」が禁止されているわけでは決してない。二〇世紀初頭に、早くも彼らは、近所の家の電話や公衆電話を頻繁に使用していた。

電話は、アーミッシュと外の世界を直接つないでしまうので、大きな社会から分離したままでいたいとの思いから、彼らは、家の中での電話の利用を禁止とした。電話によって、見知らぬ人が自由に家に入り込んできてしまう。さらに、電話が鳴ると家庭生活の自然な流れが乱され、いつ何時であろうとも、部外者によって、ものごとが中断されてしまう。アーミッシュ社会は、面と向かい合っての人間関係と自発的な訪問によってしっかりと結びつけられている。もし電話をかけることができるならば、どうして訪問しようということになるだろうか？

一九四〇年代、教会のリーダーたちは、医者や獣医を呼んだり、肥料を注文したり、予約をとったり、緊急時に対処する時のために、農場の端に「電話ボックス」を設置することを許可した。このコミュニティ電話は、数家族で共有され、かかってくる電話を受けるより、こちらから電話をかけるために主に使われている。一九八〇年代、アーミッシュの家内工業が増加して、飼料を注文したり、商品を売るのに、電話が必要となってきた。しかし、二一世紀も、家の中の電話は禁止されたままである。自分の土地になくても、隣のアーミッシュの所にはあるので、ほとんどの家族は容易に電話を使うことができる。

携帯電話については議論が起こりつつある。請負人や経営者に許可している教区もいくつかある。しかし、家へは持ち込まれない。洗礼を受ける前、携帯電話を購入する若者もいる。携帯電話は徐々に使われ始めているが、固く禁止されているインターネットに無線でつなぐことができるので、まだ試用期間である。

電話の選択的利用は、技術に使われるのではなく、技術を主体的に使いこなす一つのやり方である。長期的に見て、技術がコミュニティの幸せを脅かす結果となる場合、彼らはそれを制限する。新しい技術は、罪深く邪悪なものと考えられているのではない。むしろ、世俗的、愚か、便利すぎる、あるいは単に不必要というレッテルが貼られる。つまり、新技術は、コミュニティの精神的、社会的幸せにとって脅威であるとみなされることを意味しているのだ。

26 社会参加

宗教的信念によって、アーミッシュと外の大きな社会との交わりは抑えられている。現在の主流社会と幅広く関わるならば、宗教的分離という教義に反するばかりでなく、アーミッシュのアイデンティティーを保護している境界線もやがて氷解しかねない。しかし、いくつか制限があるにも関わらず、彼らの多くは近所の人々や非アーミッシュのビジネス関係者と親交を深めている。そして、ほとんどの場合、アーミッシュは良き隣人である。

彼らはまた、小売店、農家市場、レストランのウェイトレスなどの仕事を通じて、外部の人々と自由に交わっている。アーミッシュ女性の中には、非アーミッシュの家で家事手伝いをして働き、長く友人関係を築いている人たちもいる。この結びつきは良いものであるが、恋愛関係に移行することはない。そのような関係は、聖書の言葉を用いれば、不信仰者との異なる結びつきとみなされるだろう。

アーミッシュが外の組織に参加するのは、公式なものでなく、選択の余地があり、地域に根ざしている場合である。人々は通常、奉仕団体（ロータリー、キワニス、ライオンズ）、カントリークラブ、水泳協会、ボーイスカウト、ガールスカウト、少年野球チーム、あるいは、アメリカ赤十字のようなコミュニティ組織には参加しない。職業的組織や商業組織への所属もダメだ。すべての教区というわけではないが、農家の中には「家畜改善協会」に参加している人もいる。思い切ってこの協会に所属した人々は、それが公にならないよ

アーミッシュと非アーミッシュの人々が揃って、ハイチの貧困者に基金を募る市民イベントに参加している。

うに注意を払う。男性が、積極的にボランティアとして消防隊に参加するコミュニティもある。事実、ランカスター郡のある消防隊では、隊員の半分以上がアーミッシュである。彼らはまた、公開慈善オークションでの売り上げを通じて消防隊を支援している。その額は、年間、数十万ドル以上にもなる。

災害、火事、病気などの時、彼らは、非アーミッシュの隣人たちに素早く救いの手を差し伸べる。大工たちは、しばしば「メノナイト災害サービス」や同様の教会機関の後援を受け、バスやバンに乗って他州に出かけて、洪水、ハリケーン、竜巻によって壊された住宅を再建する。ランカスター・アーミッシュは、二〇〇五年、ハリケーン・カトリーナの被害を受けたミシシッピの住宅再建に何度も出向いた。人々はまた、慈善オークション、ガレージセール、大きなコミュニティの歴史祝賀会を支えている。毎年、非常に多くの教区が、「メノナイト中央委員会」や「クリスチャン助成省」にボランティアを派遣し、戦争や飢饉による国際難民への物資を梱包している。

ハーシー遊園地やフィラデルフィア・フラワーショーのような催し物に出かける家族もあるけれども、カーニバル、ダンス、演劇への参加は厳禁である。市民的催しに注意深く参加することにより、ずっと続いてきた世界との分離の原則が守られ、アーミッシュ・アイデンティティーの境界線がさらにはっきりとしたものとなる。そして、エスニックなネットワークを通じて、漏斗のように狭い所を通って、社会的交わりがなされるのである。

27

政府、選挙、税金

アーミッシュは、政府を相反した二つの側面から見ている。彼らは、市民政府を支持し、尊重しながらも、政府とある程度の距離をとっている。その一方で、統治者に従い、祈るという聖書の訓戒にも従っている。教会のリーダーたちは、市民として法に従うよう促している。しかしもう一方で、政府は、世俗的な文化と軍事力行使の象徴として存在する。ヨーロッパでの再洗礼派に対する迫害は、その多くが政府の役人によってなされた。さらに、政府は、戦争を引き起こし、死刑を執行し、その不公平な意思を専制的に押し付けようとする。彼らは信じている。専制はイエスの寛容の精神に背くものであると。したがって、アーミッシュは、訴訟を含め、力の行使を拒否している。

教会は、人々が政治的組織に所属することや公的な事務所を持つことを禁止している。公的事務所を持つことは、いくつかの理由から反対すべきと考えられている。第一に、事務所を持つことは、アーミッシュの価値観である謙遜さ、つつましやかさに反する。第二に、世界からの分離という宗

高額の医療費が必要な家族を援助するために、コミュニティは慈善オークションを頻繁に催す。健康保険や社会保障の恩恵を受けないからだ。アーミッシュの工場や店舗で作られた品物のオークションの売り上げは、困っている家族の援助に回される。

教原理を汚すことになる。そして最後に、公務員は市民の紛争を解決するために、必要とあらば、法的強制力を行使する覚悟がなければならないからである。アーミッシュの目に、この法的強制力の行使は、非抵抗、非暴力という聖書原理に反すると映るのだ。

しかし、投票については、個人的問題と見なされている。教会が禁止したことはまったくなかったけれども、投票する人は少ない。アーミッシュの有権者は、共和党の候補者を好む傾向にある。ランカスター郡の共和党指導者たちは、二〇〇四年の大統領選挙の時、アーミッシュに有権者登録するよう、とくに力を入れて運動を行った。異常なほど高い一三パーセントものアーミッシュの有権者が、この選挙で投票用紙を投じた。政党に加入すること、政治大会に参加すること、そして候補者の選挙運動をすることは、彼らの徳である簡素、謙虚、そして世界からの分離に公然と反するのだ。

市民法と宗教的道徳心が衝突した場合、たとえ投獄されようとも、彼らは迷わず、聖書の言葉にある「人ではなく、神に従え」の立場をとる。彼らは、政府の官僚たちと、バギーの照明、地域規制、労働者補償、学校建築法などをめぐり衝突してきた。徴兵時には、良心的兵役忌避者として、多くの人々が農場での徴兵猶予を受けたり、代替サービスプログラムに参加した。

彼らが「施しもの」と呼んでいる政府助成に対して、教会のリーダーたちは、声高に反対してきた。自給自足、そして教会と国家との分離を守っているアーミッシュは、施しを授けたその手が自分たちを支配することになるのではないかと考えている。たとえ窮地に陥った農家を救済するプログラムであっても、彼らは、何年にもわたって、かたくなに、直接の援助を拒んできた。しかしながら、アーミッシュ農家は、農業価格維持プログラムを通じて、間接的な援助は受け入れている。

聖書の禁止命令に従い、彼らは、社会保障以外、税金をすべて納めている。一般のアメリカ人と同様、連邦所得税と州所得税、売上税、不動産税、固定資産税を払っている。事実、彼らは、公立学校とアーミッシュ学校の両方に対して、二重に学校税を払っている。自動車の使用はわずかなので、ガソリン税はほとんど払っていない。

一般のアメリカ人とは異なり、アーミッシュは社会保障税を払っていない。彼らは社会保障を、税金というよりアメリカ政府の保険と捉えている。政府の援助に反対する理由はいくつかある。彼らは、人々の社会福祉には、教会が責任を負うべきであると主張する。高齢者、病弱者、老人、精神障害者、身体障害者は、拡大家族のネットワークの中で、可能な限りケアされるのだ。これらの人々の世話を国家に託すならば、教会が兄弟姉妹の面倒をみるという信仰の根本的教義に反することになってしまうだろう。

ほとんどの教会メンバーは、社会保障税を払わないし、給付金も受け取らない。一九六五年、議会は、宗教的理由により社会保障に反対する自営の人々に対して、社会保障の免除を決めた。アーミッシュ・ビジネスで働く人々もまた、議会の法律によって免除された。一方、非アーミッシュのビジネスで働く人々は、社会保障費を払わねばならない。しかし、彼らは給付を受けようとはしない。アーミッシュ男性の言葉を借りれば、給付を受けずに社会保障費を支払うことは、死んだ馬を買うようなものだ。

社会保障を無視しているので、退職金が貰えないだけでなく、メディケアとメディケイドも受けられない。社会保障やメディケア、あるいは連邦政府の援助によって、教会による相互扶助制度の根幹が切り取られることになるのではないかと彼らは危惧している。彼らは、医療だけでなく、火事や嵐で被害が生じた人々を援助するために、いくつかの相互扶助制度を築いている。

彼らには、自分たちで面倒をみるという長い歴史があるので、公的福祉をほとんど必要としていない。たかり屋とか社会的寄生者という名で、決して彼らを呼んではならない。全般的に彼らは、公的基金をほとんどせがまない。応分の税金を気持ちよく払い、公共の資金をほとんど使わないことにより、彼らは、自前でやっているだけでなく、公共の福利にも、実質的に多大な貢献をしているといえる。

28 観光

その昔、ヨーロッパにおいて、アーミッシュの先祖たちは、「あえて他とは異なって生きよう」と果敢に立ち向かって、激しい迫害を受けた。ところが今日、現代文化に対する彼らの果敢な抵抗は、賞賛と尊敬の的である。これは、巨大な観光業の受け皿に足る。事実、ペンシルベニア州において、観光は、農業に次いで二番目の巨大産業である。皮肉にも、アーミッシュが窮境で必死に守ろうとしていた世界が、今や彼らの方に向かって広がってきているのだ。

あるアーミッシュ農民は、ランカスター郡の観光の起こりを、インターコース村誕生二〇〇年記の一九五四年にまで遡って言う。「インターコースという言葉とアーミッシュのバギーを組み合わせれば、観光客を何人か引きつけられるさ」。年間、推定八三〇万人の観光客がランカスター郡を訪れている。これは、アーミッシュ一人に対して約三〇〇人に相当し、観光客が落とす金は、一五億ドル以上にのぼる。観光客は、いろいろな理由から、ランカスター郡を訪れるが、彼ら

農村の裏道をスクーターで走る二人の少年。これは、ランカスター郡に観光客を誘う数多くの風景のうちの一つである。

を引きつけている主因は、明らかにアーミッシュである。
観光は、アーミッシュにとってしばしば不愉快なものであるが、時折ユーモアの種にもなる。アーミッシュの人々が自給自足の村に住んでいると思った観光客が、アーミッシュ村の方角を尋ねたといった話や、動物のオス、メスの正しい名を知らなかったといった話がよく聞かれる。田舎道は、たくさんの車やバスでいっぱいだ。カメラでパチパチ撮られ、見知らぬ人にポカンと眺められ、ひっきりなしに質問を投げかけられたりして、彼らはうんざりしている。あるアーミッシュ女性は言う。「私たちは、私たちの魂を商品化するようなことには反対です。私たちの聖なる信念と伝統が盗まれて、それが観光客に分け与えられ、さらには、あざけられてしまいます」。ある説教者の言葉によると、「観光客用の施設が、我々の土地をレジャーと欲望であふれた行楽地に変えてしまった」のである。

観光はアーミッシュの魂を悩ませるが、彼らに利益をもたらしてもいる。近年、道端にアーミッシュスタンドが何百と設置され、多くの品々とともに、工芸品、野菜、パン、ケーキなどが売られている。これらのスタンドによって、観光客はアーミッシュの生活を垣間見ることができるし、アーミッシュ家計には、ありがたい収益がもたらされる。しかしながら、両者が交わる期間と回数は注意深く規制されている。アーミッシュの家々からは、安心できる距離がとられているのだ。彼らの中には、観光客向けに家具小売店やキルト店を経営している人たちもいる。しかしながら彼らは、観光客向けのツアーやプログラム、展示などを提供するような商売は行わない。

観光は、経済的利益以上のものをもたらしている。観光は、巧妙なやり方で、アーミッシュ集団の自負心を強めているのだ。あるリーダーは、観光の高まりでもって次のように言う。「我々はもうさげすまれはしないんだ」。他のメンバーは、「我々の生活の仕方が、とても賞賛されているのさ」と言う。自尊心を認めることには乗り気でないが、自分たちの文化が関心や尊敬に値することを知って、彼らは静かな満足感を味わっている。彼らの行動ややり方には、観光の側から期待がもたれている。馬やバギーを捨て去ることは、アーミッシュの伝統を破るだけでなく、外からの訪問者が彼らのコミュニティに対して抱いている期待感を打ち砕くことにもなる。

おそらく最も重要な点は、観光がアーミッシュの影響力を強めたことである。観光において、アーミッシュが文化的な吸引力となっているので、学校、ハイウェイ、地域規制などについて役人たちと交渉する時、彼らにはかなりの政治的発言力がある。このように、歴史における皮肉なねじれの中で、見下された古い世界の異端者たちは、好奇心から評価される対象になっただけでなく、政治の場でも影響力をもつようになったのである。

29 アーミッシュとメディア

謙遜と謙虚という美徳に忠実であり続けてきたアーミッシュは、長い間、宣伝したり、世間に知れ渡ることを遺憾としてきた。彼らは、自身を写真に撮ることを嫌う。彼らの考えでは、個人の肖像は、その人に注目を集め、自尊心と虚栄心といった罪を養うのである。肖像は、コミュニティよりも個人を上位に押し上げるので、聖書の十戒の中で咎められている偶像の例証となってしまう。さらに、彼らは、世界中の下品なセックスや暴力に辟易しているので、ハリウッド映画を避けている。

印刷メディアでのアーミッシュに関する報道は、二〇世紀前半に現れ始めた。テレビや映画などのメディア放送は、二〇世紀後半の四半世紀に激増した。アーミッシュが登場する映画『目撃者』は、アメリカ、そして海外で広く公開された。一九八四年夏、ランカスター郡で撮影されたこの映画は、教会内に論争を巻き起こした。あるアーミッシュ男性は言う。「我々は彼らを止めさせることはできない。でも、彼らを手伝ってやる必要はないさ。我々にはいらないんだ。映画はここのものではないから」。

パラマウント社は、アーミッシュに対して、舞台に立ち、支援してくれるよう依頼した。しかし、教会のリーダーたちは、このプロジェクトを助けた者は誰しも破門すべきとした。女優ケリー・マクギリスが、お忍びでアーミッシュ家庭に数日間滞在したことが発覚し、不信感が膨らんだ。

コミュニティの人々は、ハリソン・フォードが、インターコースの街で、伝統的な服に身を

このような、牧歌的田園のイメージによって、メディアの眼はアーミッシュの生活に引きつけられる。

包み、握りこぶしによってアーミッシュのやり方を守るのを、遠くから見つめていた。映画の撮影に対して、教会のリーダーたちは、ペンシルベニア州副知事、そして他州の役人や地方役人たちに抗議した。ある男性は次のように言う。「もし我々の主義が戦うことであるなら、我々は裁判に訴えて、アーミッシュを間違って伝えているから、禁止するよう命令を得たいほどだ。でも、それは我々のやり方ではないんだ」。

牧歌的風景の下、アーミッシュの田舎町を舞台にした警察官サスペンス劇の暴力は、さまざまなイメージの劇的なぶつかり合いを作り出した。ありそうではないシナリオといくつかの文化的間違いがあったにも関わらず、映画『目撃者』は、アーミッシュ精神を、まさに繊細に、そして公正に解釈し、表現したのである。

ここ二五年の間、テレビの連続番組『アーロンの道』や『大富豪、大貧民』、『プレイン・トゥルース』、『キングピン』、『炎の収穫』、『フルハム郡の嵐』などいくつかの映画やテレビドラマも、信憑性の点でレベルはいろいろであるが、アーミッシュの生活を描写してきた。アーミッシュの若者についてのHBOドキュメンタリー『悪魔の運動場』は、インディアナ州で、ラムシュプリンガ時にある反抗期のアーミッシュの若者四人を追った。二〇〇四年の夏、「街のアーミッシュ」というテレビ番組、五つの現実のエピソードの中で、CBSは、ロサンジェルスの現代的な家庭で、五人の世俗的若者と暮らすアーミッシュの若者五人の生活を撮った。この番組が放映される前、ランカスター郡の下院議員ジョー・ピット主導でなされた上院、下院議員五一人の嘆願書を含め、CBSには抗議の手紙が多数寄せられた。

ランカスターのアーミッシュはまた、一九九八年、全国的、国際的な重大ニュースを知らされた。アーミッシュの家庭で育った若者二人が、他のアーミッシュの若者にコカインを売買していたかどで逮捕されたのである。彼らは、建築現場で一緒に働いていたパガンモーターサイクルクラブのメンバーから麻薬を買っていたため、この話は世間を沸かせた。アーミッシュに関する最も大きなメディア報道は、二〇〇六年の秋に起きた事件である。近くに住む非アーミッシュの男が、ランカスター郡のアーミッシュ学校で十人の少女を人質にとって、そのうちの五人を殺し、他の子供たちに重症を負わせた事件である。

30

ニッケルマインズの悲劇

二〇〇六年一〇月二日の月曜日、一つの悲劇が、アーミッシュ、そして外の大きな世界を同時に震撼させ、悲しませた。その朝、ストラスブルグから南東に四マイルほどのニッケルマインズでは、非アーミッシュの男が一教室制のアーミッシュ学校に歩いて進入し、子供たち、教師、そして訪れていた大人数人を人質に立てこもった。地元のタンクローリーの運転手であるチャールズ・カール・ロバーツ四世は、この地域でアーミッシュやアメリカ人の農家から牛乳を集めていた。ロバーツとアーミッシュの家族との間には、それまで何のトラブルもなかったし、子供たちがアーミッシュだから標的にしたという証拠もなかった。しかしながら、彼は誰に知られることなく、何週間もかかって、子供たちに危害を加える計画をたてていた。標的にしやすいという理由から、学校に通う子供たちを選んだらしい。そして、彼は警察との長期戦に備え、銃三丁を含む品々を購入していた。

ロバーツが学校に到着するとすぐ、教師は逃げ出し、走って近くのアーミッシュ農家に助けを求めた。農家の人は九一一に電話をかけ、男が二六人の生徒を人質に立てこもっていると告げた。結局、ロバーツは、校舎から男子生徒全員と訪ねてきていた大人たちを外に追い出した。彼はドアと窓にバリケードを作り、少女たちを教室の前方の床にうつぶせにさせた。それから、彼女らの足を一つに結んだ。校庭に警察が到着した時、男は騒ぎ立て、九一一に電話をかけた。そして、二秒以内に敷地内から全員出ろ、さもなければ襲撃を始めるぞ、と脅した。

その後すぐ、彼は処刑を始め、六歳から一三歳の少女一〇人を銃で撃った。五人が殺され、他の子供たちは重傷を負った。警察が教室に突入すると、ロバーツは銃で自殺した。この恐ろしい事件は、

悲劇からちょうど六ヶ月後の2007年4月2日、「新希望校」と名づけられたアーミッシュ学校がニッケルマインズに開校した。

一人のアーミッシュの工芸家が、この木製飾り板をつくり、ペンシルベニア州警察に贈った。生き残った生徒たちは、工作用熱ペンで自分たちの名前を刻んだ。

すぐにニュースメディアによって世界中に報道された。リポーターは、子供たちと殺人者が埋葬されるまでの五日間、この記事を追い続けた。

この事件に、世界は呆然となった。しかし、事件以上に世間の人々を驚かせたのは、事件に対するアーミッシュの反応であった。おぞましい一〇月のあの日、太陽が沈む前、襲撃から数時間しか経っていないのに、さまざまなアーミッシュの人々が、殺人者の未亡人とその家族に対して赦しの言葉を述べ始めたのである。激怒ではなく、すぐに赦しで応えたという事実が世界中を驚かせた。襲撃から一週間、多くの国々において、アーミッシュの赦しの特集記事が組まれた。記事は二四〇〇以上にのぼった。事実、悲劇から日を追うにつれ、襲撃事件そのものの影を薄めるほど、世界中のメディアが、アーミッシュの赦しを記事として取り上げた。この恐ろしい事件は、アーミッシュの歴史の中で、どの事件よりも多くニュース報道となった。ある父親は、次のように述べている。「我々は、殺人者の未亡人やその家族に対して、恨みをもたないという選択をしたんだ。赦しは、そのことを意味しているんだ」。

その日から六か月後の二〇〇七年四月二日、アーミッシュは生き延びた子供たちのため、ニッケルマインズに「新希望校」を開校した。重傷を負った子供たちのうち、少女四人は回復して学校に復帰した。しかし、一人は怪我のため、まだ自宅にいる。この悲劇によって、アーミッシュと近隣のアメリカ人たちはより親密になった。数えきれないほど多くの方法で、警察、市職員とアーミッシュは、数日間、そして数か月間、共に手を取り合ってこの悲劇に対処した。ニッケルマインズのアーミッシュ・コミュニティと襲撃者の家族もまた、新たな友人関係を築き、そしてそれを強固なものとした。このような関係は、ある意味では、アーミッシュの驚くべき赦しの言葉によって可能となったのである。

31

芸術と創造的表現

アーミッシュ文化は、歴史的に、芸術表現を公にすることを避けてきた。宗教上伝えられてきたいくつかの要素が、芸術的精神を抑制してきたのだ。まず、再洗礼派運動の人々は、ヨーロッパで、国教会の彫像や芸術には価値がないとした。彼らは、これらの芸術作品を、偶像崇拝、すなわち聖書で禁止された彫像と同等のものと考えたのだった。さらに、個人主義的な芸術表現は、共同社会にその礎を置いたアーミッシュの文化的価値と衝突する。彼らの意識では、これらの表現は、自尊心を生み出し、個人を得意にすると考えられている。かつて、彫像のイメージを避け、個人的表現をぬぐい去るために、アーミッシュの手作り人形には顔が描かれていなかった。

アーミッシュ文化はまた、農村の実践的価値という土壌に根ざしている。額に汗して働くことで生計を立てている田舎の農民にとって、芸術は、時間の無駄であり、非実用で取るに足らないものである。アーミッシュ文化において、実用的で役に立つ活動は貴重である。しかし、個々の芸術家

あるアーミッシュ女性は、この仕事机で、工芸品やドライフラワーの花束を販売用に作っている。

の夢の世界はそうではない。アーミッシュは何かをする場合、それが実用的で役に立つかを必ず知ろうとする。

このような制約にも関わらず、何世紀にもわたって彼らの生活の中から、民衆芸術ともいうべき表現がいくつか沸き上がってきた。バーバラ・エバーソール（一八六四〜一九二二）は、かわいらしいハート、チューリップ、あるいは他の花々で芸術的なレタリングが施されたヒゲ文字でよく知られている。彼女は、カラフルな聖書の蔵書票や家系図をデザインした。彼女のデザインは、今やオークションで三〇〇〇ドル以上の値がつく。アーミッシュの家の壁には、刺繍で作られた戸籍、カレンダー、家系図が、ずっと飾られてきた。

キルトデザイン、庭の花、手作り工芸品は、昔からの芸術的表現である。
近年、アーミッシュ工芸品の売り上げが急増したことで、アーミッシュ芸術の有用性が大きくなってきた。農場の縮小に直面した彼らにとって、突然、芸術が生活費を稼ぐ実用的なものになったのである。広範囲にわたる彼らの芸術的表現は、工芸品で花開いた。しかし、それはまだ民衆芸術に留まっている。のこぎり、小さな看板、金属円盤、そしてその他多くの実用品に、手で彩色が施される。針仕事、トウモロコシの皮の人形、そしてたくさんのキルトは、アーミッシュによって作られ、売られている何百もの商品の一部にすぎない。

ある芸術家は「ミルク缶をペイントするのはいいけれど、それを芸術祭で展示するのはダメなんだ」とこぼす。しかしそれすら変化し始めている。自己流のアーミッシュ芸術家の中には、キャンバスに絵を描き、それを展示し、販売する人もいる。あるアーミッシュ芸術家は、"USA Today"に特集された。アーミッシュ芸術の展示は、一九九〇年代初めに、ランカスターで最初に行われた。

教会のリーダーたちは、とくに金銭的に必要があるメンバーについて、芸術が明らかに生活費を稼ぐことに関係している場合、そのような試みを許可してきた。しかし、少しずつ現れ始めたこれらの芸術は、アーミッシュの文化様式に組み込まれたままである。キャンバスに描かれる風景は、彼らの牧歌的な環境を写実的に描写することに限られている。人物像が描かれることはほとんどない。人物が描かれたとしても、顔は決して描かれない。

32

厳かな死

ランカスター地方の葬儀屋の見解によれば、アーミッシュは死を厳かに受け入れている。一緒に住んでいる老人の健康が徐々に衰えてくると、家族は最後の旅立ちに備え始める。死は、静かで深い悲しみを伴いながらも、厳かに訪れる。それは、よりよき生命への最終的な祝福、そして、永遠の天国への入口として訪れる。家族や友人たちが永遠なる真実に服するので、葬儀のさまざまな準備は、アーミッシュ価値の核心である簡素と謙虚を反映したものとなる。

訃報に接すると、コミュニティは急いで活動を始める。一族と友人たちは、納屋、ビジネス、家の仕事を引き受けて、当該の家族たちを世事から解放してやる。三組の夫婦が任命されて、葬式の案内を出し、食事の準備、座席、配列決め、多数の馬とバギーの手配といった仕事を采配する。

葬式のやり方はしっかりと確立されているので、どうすればよいかと家族が思い悩むことはない。非アーミッシュの葬儀屋は、遺体を安置所に移動させ、防腐処理をする。わずかに化粧が施され、長い下着が着せられた遺体は、木製の簡素な棺に入れられて、その日のうちに家に戻される。家族は、遺体に白い衣服を着せる。女性には、結婚式に着た白いケープとエプロンをつけることが多い。家族は、死の前に白い服を仕立て、悲しみの季節に備える。白い衣服は、新しく、もっと良い永遠の生命への最終的な旅立ちを象徴しているのだ。

友人たちと親戚の人々は、家族を訪問し、家の一階のベッドルームに置かれた遺体と対面する。そして葬儀の前の二日間、見守り続ける。その間、コミュニティの人々は、近くの家族墓地へ行き、墓穴を掘る。他の人々は、亡くなった人の日々の

ほとんどのアーミッシュは、親戚の人々に囲まれて死を迎える。二世代、三世代が同じ敷地内に隣合わせで住むこともめずらしくない。

仕事の管理を行う。通常、死から三日目の朝、何百人もの人々が、納屋や店舗、あるいは家で行われる葬式に参列する。一時間半におよぶ簡素な儀式の間、説教者は賛美歌と聖句を読み、祈りを捧げ、説教をする。歌や追悼の頌徳文はない。花、葬儀用のガウンやテント、リムジン、彫刻が施された碑もない。

農場の端にある墓場まで、馬に引かれた大きな黒い霊柩車を先頭にして、バギーの長い行列が続く。故人との短い対面、そして墓の傍での簡単な礼拝によって、「なんじ塵なれば、塵に帰るべし」との聖書の一節が人々の胸に刻まれる。任命されたリーダーが賛美歌を読むと、棺付添い人は棺を下ろし、その上に土をかける。多数並んだ墓石はいずれも小さく、同じ大きさであり、死者が平等なコミュニティにその場所を得たことを示している。礼拝の後、家族は、親しい友人たちと家に戻って食事をする。

死の後、愛する人を亡くした女性は、一年の間、公の場では黒い服を着て喪に服す。離別はとてもつらく、悲しみはつきない。にもかかわらず、死は、崇高な神の道へ最終的に引き渡されるものとして、厳かに受け止められている。家族と友人たちに囲まれながら、宗教的意味に満ちた行事が次々と予測通りになされるので、残された人は慰められる。このように、離別は、現代の基準からすると慈悲深いものだ。涙は流れるが、むせび泣きは控えられる。それは、崇高な目的のリズムを知らせる静かな服従なのだ。ゆりかごから墓場まで、愛する家族、そしてそれを支える儀式という文脈によって、彼らの生活と死の謎は解かれるのである。

33

再洗礼派グループ

アーミッシュは、ランカスター郡において、再洗礼派にルーツをもつ二〇以上の宗教グループの一つである。馬とバギーに乗るグループは、アーミッシュ以外に三つあるが、それらはいずれもメノナイト系である。古い有料道路沿いに集会所があることから、「パイカーズ」という名で呼ばれているスタウファー・メノナイトは、ランカスター郡に教会を一つもっている。「35」と地元で呼ばれているレイデンバッハ・メノナイトには、いくつかの教会がある。バギーを使っているグループのうち最大のものはウェンガー・メノナイトで、しばしば「チーム」メノナイトとも呼ばれている。彼らは、ランカスター郡に集会所を一〇か所もっている。

これらオールドオーダー・メノナイトはすべて、いくつかの点でアーミッシュとは異なっている。アーミッシュの馬車がグレーなのに対して、彼らの馬車は黒色である。家で、礼拝などの教会活動を行うアーミッシュとは異なり、メノナイトは集会所をもっている。メノナイトの男性は、ア

オールドオーダー・ウェンガー・メノナイトは黒い馬車に乗る。一方、アーミッシュのバギーのビニールカバーは、常に灰色だ。バギーの車体と車輪は、ガラス繊維で造られることが多い。

ーミッシュの男のようなあごひげをはやしていない。アーミッシュの女性は単色のドレスを着ているが、メノナイト女性のドレスは模様のある生地で作られている。

ウェンガーは、馬とバギーに乗るメノナイトの中で、最も進歩的なグループである。アーミッシュと違って、彼らは、スチール車輪のついたトラクターを畑で使い、家屋内に電話を引き、家と店舗では公共電線網から電力を使用する。

これらの違いにもかかわらず、アーミッシュとオールドオーダー・メノナイトには共通の慣習が多くある。ほとんどのメノナイトは、アーミッシュ・コミュニティから遠く離れたランカスター郡の北東部に居住している。しかしながら、メノナイトとアーミッシュのコミュニティが重なり合っている地域では、共同で私立学校を運営している。オールドオーダー・メノナイトとアーミッシュは、「Die Botshaft」や「The Diary」など、同一の新聞を購読している。英語で書かれたこれらの新聞は、さまざまなコミュニティの通信員たちから送られてきた地方の便りであふれている。

ビーチー・アーミッシュとアーミッシュ・メノナイト教会は、アーミッシュのいとこにあたるが、アーミッシュより進歩的である。一九〇七年、アーミッシュから分かれたビーチー・アーミッシュは、自動車を運転する。このグループは、ランカスター郡に集会所を七つもっている。またランカスター地域には、アーミッシュ・メノナイトの教会が数か所ある。宗教をもっと多くの形で表現したい、そして、近代技術をもっと取り入れたいとの思いからアーミッシュ・コミュニティを離れた人々を、ビーチー・アーミッシュとアーミッシュ・メノナイトの両者とも、頻繁に受け入れている。これらのグループは簡素な衣服を着ているが、車を運転し、公共の電気を使っている。そして、オールドオーダー・アーミッシュよりも、伝道集会に重きをおき、布教活動を行っている。

ランカスター郡で簡素な衣服を着て、車に乗るメノナイト教会には、さらに、東部メノナイト教会とホーニング・メノナイト教会がある。ホーニングは、二〇世紀半ば、車のバンパーを黒く塗ったため、「ブラックバンパー」と呼ばれることもある。

簡素な衣服を着る教会以外に、ランカスター郡には二つの大きな再洗礼派教会がある。アメリカ・メノナイト教会とブレズレン教会である。これらの教会には、子供を含めずに、約二五、〇〇〇人のメンバーがいる。彼らは、現在主流となっている文化的習慣の多くを受け入れている。現代的な衣服を着て、テレビやコンピュータを所有し、礼拝時に楽器を使うなどである。彼らの多くは大学を卒業し、専門的職業に就いている。

これらの多様なグループは、すべて同じ宗教的遺産から育ち、宗教的信念の核心部を共有し続けながらも、自分たちの信念を表現するのに異なった文化的方法を選んだのである。アーミッシュは、ランカスター郡の再洗礼派関係の教会が形作る多彩なパッチワークの一部なのだ。

34 アーミッシュ社会の未来

アーミッシュ社会の未来はどのようなものであろうか？　彼らは、二一世紀においてもずっと、バギーに乗り、電気を拒否し続けるだろうか。ランカスター・アーミッシュは、一団となって、他州、あるいは国外の辺境の地に移住するのだろうか。縦横無尽に広がりつつある郊外の市街地は、彼らの土地をのみ込み、その生活を想像できないほど大きく変えてしまうだろうか。一九五〇年代半ば、数人の学者は、アーミッシュ社会が消滅すると予測した。しかし、彼らは明らかに間違っていた。実際、アーミッシュは、歴史上、最も技術が進歩したこの時代に繁栄しているのだ。しかし、将来はどうだろうか？

アーミッシュ生活の将来を予言することは難しい。市場価格、政府の規制、都市化といった外部の圧力だけでなく、コミュニティ内部の努力によっても、彼らの文化様式は新しいものに変わるからだ。水晶占いの筋書きは、取るに足らないものである。しかし、彼らのこれまでの生活実践は、

アーミッシュ社会の未来は、これからの世代の手と心に委ねられている。

未来についていくつかの手かがりを提供してくれるだろう。

過去の三つの生活実践、慣習によって、アーミッシュの未来への対応が具体的に見えてくるだろう。すなわち、集約型農業、農業以外の仕事、そして移住である。高い土地価格と都市化の侵食にも関わらず、ランカスター・アーミッシュの一部は、二一世紀になってもおそらく、生真面目に土地を耕やし続けるだろう。あるビジネスマンが言う。「われわれランカスター・アーミッシュは、この地が自分たちの家だと思っている。われわれは、他の州のアーミッシュほど素早く移住することはない」。北アメリカ最古のアーミッシュ居住地で祖先の土地とつながっているという心情からだけでなく、彼らが支援している農地保存運動によって、彼らの何割かはこの土地に留まり続けるだろう。

しかし、農業は着実に変化するだろう。地域市場へ出す農産物を生産するために、小規模の土地で特産品を作るアーミッシュが増えているので、大規模農場は今後もその規模を縮小し続けるだろう。他に、有機野菜、有機飼料で育てた鶏、狩猟用外来動物、都市のペット店に出す小動物などに特化するだろう。ある物に特化したこのような小規模農業が、将来、増加するだろう。

一九八〇年代、鋤を捨て、家内工業を興した意欲的な多くのアーミッシュは、劇的な変化の到来を告げた。二一世紀初めの一〇年までに、約二〇〇〇ものアーミッシュ経営のビジネスがランカスター郡内で広がったのだ。今や三分の二以上のアーミッシュ家計は、なんらかのビジネスに関係しており、この傾向は続きそうである。

小規模産業が繁栄すると、さらに多くの技術を使い、外の人とさらに交わりを広めるようになるなど、アーミッシュの生活に多くの変化がもたらされるだろう。これらのビジネスは、アーミッシュの平等な社会構造を、何年もかかって、ゆっくりと変えていくだろう。そして農家、日雇い労働者、起業家の間の経済的、文化的格差は広がっていくだろう。

彼らの心の奥底には、農業に対する愛着があるので、手ごろな値段の肥沃な土地を求めて州外に移住する家族もあるだろう。歴史的にみて、彼らは、迫害や災難に直面するとすぐに移住を行ってきた。事実、いくつかの州の六〇以上の会衆のルーツは、ランカスター・アーミッシュにある。ここ数十年、新しい居住地が、インディアナ、ケンタッキー、ニューヨーク、ウィスコンシン各州に設立された。大規模な移住が突然起こるとは考えられないが、ランカスターからアメリカの田園地帯へ、少しずつ、そして絶え間なく、移住は続いていくだろう。

二一世紀、アーミッシュ生活の文化的特色はどのようなものになるか、予測はできない。しかし、一つの新しいパターンが明らかに現れ始めている。つまり、田舎の家屋敷が彼らの伝統的やり方を保つのに最適な場所であり続けるということである。もし、アーミッシュが子供たちを教育して、コミュニティにとどめることができ、彼らの魂を売り渡すことなく生計を立て、より大きな世界との交わりを制限することができるならば、おそらく彼らは、二一世紀にも繁栄するだろう。しかし、アーミッシュの人口がどんどん増加するにしたがい、確かになってきたことが一つある。彼らは、伝統的生活のうちで、旧態依然とした部分の多くを変化させ、適合させ、粉みじんに打ち砕き続けるであろうということだ。

†解題——

アーミッシュ、そして私たちの昨日・今日・明日

杉原 利治

(1) 都市化の二〇世紀と抵抗者アーミッシュ

アーミッシュ研究の第一人者、クレイビル教授による本書は、ペンシルベニア州ランカスター郡を中心としたアーミッシュの生活、文化の特徴とその意味を丁寧に説き明かし、アーミッシュ社会がダイナミックに変化しつつあることを示してくれる。本書は、彼の著書『アーミッシュの謎』(杉原・大藪訳、論創社、一九九六年)の姉妹編ともいえる。アーミッシュは、その創世時から現代まで、常に、外の大きな世界との関係で存在してきた。ヨーロッパで受けた迫害から、都市化に対応するためになされた文化的抵抗と文化的妥協まで、よい意味でも悪い意味でも、アーミッシュは、外の世界との関係において存在してきた。そして、アメリカの中でも、外の世界の影響を最も大きく受けているのが、ランカスター・アーミッシュである。したがって、これまでもそうであったように、ペンシルベニア州ランカスター郡の彼らの生活と文化が、現代の、そしておそらくは将来のアーミッシュを代表し、象徴し続けるだろう。本書 "The Amish of Lancaster County" の日本語版のタイトルを『アーミッシュの昨日・今日・明日』とした理由もそこにある。

この小論では、組織、あるいは個人としてのアーミッシュを概観し、彼らの社会が持続する意味を考察し、そしてさらに、私たちの社会の持続性と明日を考えたいと思う。

誤解を恐れずに言えば、アーミッシュは二〇世紀に誕生した。もちろん、歴史的には、ヨーロッパ宗教改革

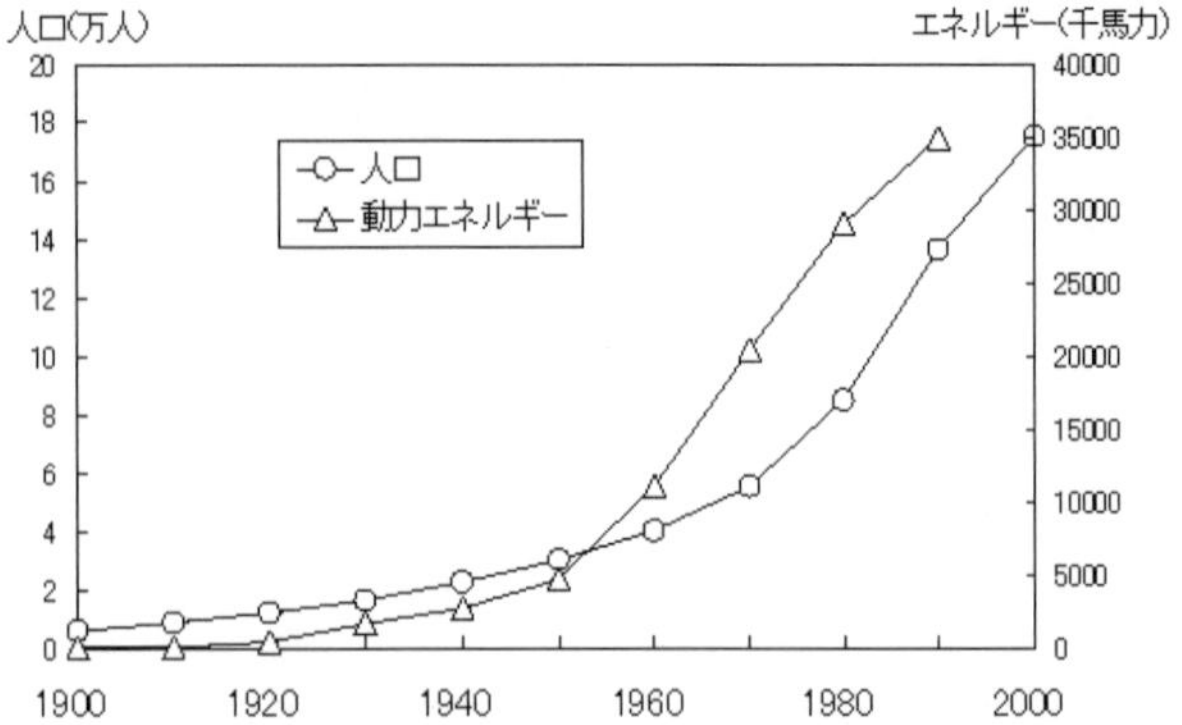

図１　アメリカの動力エネルギーとアーミッシュ人口の増加

人口は、D. B. Kraybill & C. F. Bowman, On the Backroad to Heaven, The Johns Hopkins University Press, 2001 より。エネルギーは G.T.Kurian, Datapedia of the United States 1790-2000, Bernam Press, 1994 より。

にルーツをもつアーミッシュにとって、外の世界との分離は当初から主要な命題であった。しかし、実際、アーミッシュと外の世界との乖離が大きくなり始めたのは、二〇世紀に入ってから、それも、大恐慌、ニューディール政策を経た一九四〇年代以降である（杉原利治『21世紀の情報とライフスタイル』論創社、二〇〇三年）。それは、アメリカが、経済力を背景に、世界の覇者として君臨し始めた時期である。実際、アメリカの消費エネルギーの急増とアーミッシュの人口増加は、軌を一にしている（図1）。

二〇世紀は都市化の時代である。そして、都市化は消費社会をもたらした。消費社会は、モノと情報の豊かさを前提に成り立っている。モノに関して言えば、都市化は、時間、空間あたりのモノやエネルギーの移動と転換を加速する。都市化の帰結である消費社会では、短時間に、狭い空間で、多くのモノやエネルギーの移動と転換が行われるのである。この転換は、生産と消費という形で、人間の生活の主要な部分を担っている。したがって、個人のレベルでの転換の有り様を、ライフスタイルと呼ぶならば、二〇世紀は、消費社会が発達、成熟し、世界中にアメリカ型ライフスタイルが浸透した時代といえよう。

アーミッシュは都市化に抵抗してきた。もちろん、彼らの生活も、モノやエネルギーの転換の上に成り立っている。しかし彼らは、転換のスピードをコントロールしてきた。田舎での農業を中心とした生活、学校の統合化に反対して自力で設立した八年制アーミッシュ学校、自動車の所有・運転の禁止、電線からの電気の使用禁止、バギーによる移動、馬の活用……これらすべてが、めまぐるしいテンポでものごとがすすむ外の世界に対抗し、スローで静謐な田園の生活を守ろうとする彼らの苦闘をものがたっている。

都市化のもう一つの帰結は、情報化である。二〇世紀はメディアが著しく発達した時代である。アーミッシュ社会では、テレビ、インターネット、商業新聞は禁止である。さらに、情報メディアを禁止するだけでなく、情報と直接関係するとは思われないさまざまな近代技術に対しても、奇妙な対応を行ってきた。たとえば、彼らは、自動車を所有せず、いまだに、バギーなど前近代的な移動手段を用いている。大人も、足蹴り式スクーターで、すいすいと近所へでかける。トラクターの使用は納屋周辺に限定され、畑では使われない。仕事は、できる限り家の近くでなされる。これらによって、人々が移動する距離が小さく保たれ、結果として、得られる情報は限定される。また、屋内での電話の使用は禁止である。かわりに、彼らはよく手紙を出す。そして、互いに訪問をして、直接話しをする。さらに、自分たちで運営する八年制アーミッシュ学校は、子供たちが外の世界の醜悪な情報に汚染されることを防いでいる。

不便な交通手段、電話の制限、テレビ、商業新聞の禁止、ひんぱんになされる訪問、独自のカリキュラムによるアーミッシュ学校……これらすべてが、人々の情報摂取をコントロールしている。一方、彼らは、自分たちの価値観を損なわない、あるいは、強化する情報は積極的にとり入れている。面と向かい合っての直接対話、ほとんどの家庭で購読されている再洗礼派の雑誌“Family Life”などである。要するに彼らは、情報の量よりも質を問題にしているのだ。モノと情報にあふれた現代社会を横目で見ながら、モノとエネルギーの転換速度と情報をコントロールし、スローな田園生活に固執するアーミッシュは、まさに、都市化に対する抵抗者といえよう。

(2) アーミッシュの社会組織と持続可能性

アーミッシュの成長をもたらしたのは、クレイビル教授が指摘しているように、急速な人口増加、そして、文化的抵抗と文化的妥協である。これらに関しては、本書で詳細に述べられているので省略する。

ここでは、アーミッシュの繁栄を別の見地からとらえ直してみたい。それは、アーミッシュ社会の持続可能性である。彼らの社会が数百年もの間続いてきたのは、奇跡でも偶然でもなく、必然である。なぜなら、彼らは、洗練された方法と周到な戦略で社会組織を維持してきたからだ。

どのような社会システムであれ、その持続可能性は、次の三つの要件によって規定される。①代謝、②関係性、③自律である。このうち、代謝が、持続可能性の直接的指標である。そして、関係性と自律は、社会システムが代謝を続けるために必要な二つの条件である。代謝とは、社会システムが環境からモノやエネルギーを取り入れ、転換し、排出することである。一方、人間と人間、家庭と家庭、家庭と地域社会などの間の健全な関係は、安定した代謝を可能とする。また、自律は、社会システムの内部で生じた矛盾や対立、あるいは外部からの摂動に対して、社会システムが自身を調整し、適応させ、改変する機能である。

まず、代謝をみてみよう。農業や工業による生産と衣食住をはじめとする消費は、いずれも、社会システム内におけるモノやエネルギーの転換、すなわち、代謝である。代謝は、経済活動と不可分である。二〇世紀、アーミッシュも活発に代謝を行ってきた。図1にみられる人口の急増は、アーミッシュ社会において、代謝が急増したことを示している。アーミッシュの場合、農業以外にも、キルトをはじめとするいろいろな工芸品が、彼らの大きな収入源となっている。また、アメリカでは、アーミッシュブランドの製品は、卵、牛肉から伝統的パイやクッキー類まで、とても人気がある。これらによって、アーミッシュの主婦は、家庭に居ながらにしてかなりの収入を得ることができる。菓子類にとどまらず、多くの伝統的料理は、アーミッシュが購読する新聞、料理本などによって受け継がれている。とくに、ほとんどのアーミッシュ家庭で購読されている雑誌"Family Life"には、毎号、伝統的食材を使った料理のレシピが載っている。さらに興味深いのは、掲載されているレシピの多くが、読者の投稿によることである。自分たちが食している料理や引き継いできた料理を各地の女性が投稿し、それを参考にして多くのアーミッシュ女性が料理をつくる。このように、この雑誌は、アーミッシュ間のコミュニケーションツールとしても機能している。また、重要な行事には、伝統食が出され、それを皆で食べる。たとえば、結婚式には、ローストチキン、マッシュドポテト、コールスロー、クリームドセロリ、アップルソース、フルーツ類、菓子類などが出される。家庭でも、コミュニティでも、手作りの食事を、全員で食することにより、アーミッシュの伝統的食品は、人々の絆を強め、アイデンティティを強化し、家庭、コミュニティを安定的に存続、発展させることに寄与している。

宗教上、食べ物に対する規程は何もない。さらに、食べ物は外の世界の人間には直接見えないので、衣服や男性のあごひげ、バギーなどと違って、時代とともに変化しても不思議ではない。本書で述べられているように、確かに変化は起こりつつある。しかし、まだ、その程度は小さい。食べ物の変化を小さく留めているのは、彼らの伝統的料理が、アーミッシュのアイデンティティの保持のみならず、家計への寄与という経済的意味を持っているからだ。

一方、アーミッシュ社会の関係性はどうだろうか。彼らは、前述のように、さまざまなやり方によって情報をコントロールし、狭い空間で、濃密にコミュニケーションを行っている。その結果、強固な人間的繋がりが、家族、拡大家族、コミュニティの人々、そして友人たちとの間にできあがっている。

さらに、アーミッシュ学校の果たす役割も大きい。アーミッシュ学校の詳細については、既刊（サラ・フィッシャー、レイチェル・ストール、杉原・大藪訳『アーミッシュの学校』論創社、二〇〇四年）を参照されたい。アーミッシュ学校は、アーミッシュの子供たちに、アーミッシュ的価値（協調、協同、謙虚、簡素）をうえつけ、さらに、将来、アーミッシュ社会でやってゆけるように基本的な生活能力（読み書き算数）を身につけさせる。ほとんどの若者は再洗礼を受け、アーミッシュとして暮らしていくことを選択する。その結果、代謝を担う人的パワーがどんどん増強され、アーミッシュは活発な代謝を行うことができる。

学校はまた、アーミッシュ社会の関係性にも寄与している。アーミッシュ社会には全体を統轄する中央組織は存在せず、それぞれのコミュニティが独立している。何千とあるコミュニティ間の関係は、一般に予想されるよりずっと薄い。そんな中で、教師の研修会は例外的存在である。素人の若者が教師となって、一人で八学年にもわたって子供たちを教えるのは並大抵のことではない。そのため、新任教師のためのネットワークが発達している。ペンシルベニア州では、年五回、州全域から教師が集合し、交流する。これによって、情報交換がなされ、コミュニティ間の関係性が強化される。

（3）自律機構と小規模組織の意味

自律は、社会組織を持続可能にする要件の中で、アーミッシュ社会に最も特徴的なものである。各種の自律機構のうち、協同と相互扶助は、彼らの社会組織が恒常的に安定して存在するために基本的な役割を果たしている。それはまた、非常時、緊急時に社会が不安定なることを防ぐセーフティーネットの役目も果たしている。

このように、協同作業、相互扶助によって、アーミッシュの関係性は日常的に強化されると同時に、非常時には、困難に陥った人々を救うための経済的援助、人的援助がなされ、医療ケアが提供される。

さらに、オルドヌングは、アーミッシュ社会が安定に存続するのに非常に大きな役割を果たしている。オルドヌングは、アーミッシュの日常の生活の仕方を規定した規範集である。オルドヌングは、アーミッシュとしてすべきこと、そして、してはならないことを規定している。自動車の所有の禁止、テレビ、商業新聞の禁止からバギーの色、人々の衣服までを決めている。オルドヌングは、モノや行動が、彼らの価値をそこなうかどうか、コミュニティ組織を脅かすかどうかによって決まっている。したがって、食べ物や医療などについての規程はほとんどない。また、新しい技術であっても、それが脅威にならないものならばとり入れられる。オルドヌングに決められたことから大きく逸脱した人間に対しては、シャニングが対応する。これは、道をふみはずした人間を処罰するためのものではなく、悔い改めてふたたびアーミッシュとしてのライフスタイルを遵守するようにし向けるためにある。

現代テクノロジーの選択的利用もまた、彼らの社会組織の自律機能として重要な意味をもっている。もし、外の世界のように、新しく出現する技術を次々ととり入れていくならば、彼らの生産性は急速にあがり、剰余の時間が多く生まれるだろう。しかしながら、その一方で、人々の絆は弱まり、貧富の差から生じる社会的不平等が、コミュニティの存続を危うくするだろう。また、小規模精神は崩れ、大きな移動を伴う職業が増えて、人々は、外の世界から多くの情報を摂取し、その影響を強く受けることになる。そのような事態を避けるため、彼らは、技術を選択的に利用している。その際、最も注目されるのは、試行期間、猶予期間である。彼らは、新しい技術をすぐにとり入れたり、ただちに禁止したりするのではなく、一定期間、それを使ってみる。そして、彼らの価値観に合致し、コミュニティの生活を破壊しないと判断したならば、正式に使い始める。一方、彼らの生活に対して大きなマイナスの作用を及ぼすと考えられたときは禁止となる。さらにまた、トラクター、空気圧、バッテリーなどのように、外の世界の技術をそのまま取り入れるのではなく、彼らの生活を大きく損なわないよう、既存の技術を改造、改変して利用するという妥協策をとることも多い。このような試行、猶予期間をもった選択と文化的妥協とが彼らの組織を安定に保っている。

また、ラムシュプリンガも選択のための試行、猶予期間のひとつと言える。彼らは、再洗礼を受けて初めて正式にアーミッシュとなる。だから、子供や若者は、猶予期間内にある。ラムシュプリンガは、二〇年間ほどの猶予期間の最終段階である。ラムシュプリンガ期間中、若者は外の世界を広く体験する。活発に社会的に行動し、時には、はめをはずして、自動車の運転などアーミッシュのタブーにまで及ぶこともある。しかし、彼らはまだ洗礼を受けていないので、咎めを受けることはない。若者たちは、さまざまな場面で社会的体験を重ねて、外の世界を含め、世間とはこんなもんだと納得する。そして、再洗礼を受け、アーミッシュとしてやっていくかどうかを決断する。自分が選び取り、決断したのであるから、以降のライフスタイルがどんなに厳しいものであっても、持続できるのである。

以上のように、アーミッシュ社会の持続可能な代謝を可能にしているのは、彼らの社会に備わった強い関係性と卓越した自律機能である。そして、この二つの機能が有効に働いてきた理由は、彼らの社会組織の小ささにある。現在、二〇万人を超える規模にまで膨張したアーミッシュ社会は、二〇〇人足らずの小さなコミュニティの集合にすぎない。企業であれ、団体であれ、一般に、組織は成長し、繁栄するにつれ、肥大化する。そして、やがて疲弊し、内部の矛盾が大きくなり、崩壊する、あるいは、より大きな組織にのみ込まれる。しかも、拡大を目指す社会組織はほとんど、官僚主義を免れない。ところが、アーミッシュの場合、官僚主義とは無縁の組織を築き、維持、発展させてきた。世界を小規模なコミュニティ（教区）で完結させることにより、組織の肥大化を防ぎながらアーミッシュ全体として繁栄するという方法をとってきたのだ。小規模組織であれば、矛盾が生じても、それを解決するための方法を見いだしやすい。また、小規模組織内の密なコミュニケーションによって、人々の間の関係が良好に保たれる。そして、組織を構成する人間ひとりひとりが、自分は何者であり、家庭、そしてコミュニティのなかでどんな位置を占めているかを実感できる。

本書でも詳しく述べられているように、アーミッシュの人口増加は著しい。驚くことに、子供たちの九五％以上が、再洗礼を受けてアーミッシュとしてやっていく。したがって、彼らの組織は膨張するが、ある限度を越えると、新たな組織を作って独立する。ちょうど、数が増えると新しい群が分離独立するミツバチのように、彼らは等身大の小さな組織を維持し、自主管理を行っている。官僚や専門家に委ねるのではなく、素人が組織の管理運営にあたることによって、組織と個々の人間との距離は近いまま保たれる。このように、中央統轄機構をもたない小規模コミュニティの自然ネットワークの総体として、アーミッシュ社会は存在し、ピラミッド型ではない分散型組織が、彼らの社会を持続可能にしているのだ。

（4）アーミッシュという生き方と私たち

アーミッシュは、「外の世界とは異なって生きたい」と決意し、小さな社会組織を自分たちの世界と定めて、強い関係性を築き、確かなアイデンティティを保持してきた。では、外の世界の「私」たちはどうだろうか。「私」たちも、「人と異なって生きたい」と思う。その一方で、同じような考え方をもった人を求めもする。たいてい、どちらの「私」も、一人の人間の中に同居している。現代人が、「異なって生きる（生きたい）」と考えた場合、もっとも容易な方法は、人とは異なった物財を入手し、使用することである。外の世界では、このような欲望を満たすための差別化商品が、近年の消費社会を支えてきた。しかしそれは、グローバルな空間に散らばった「私」によってなされており、物財が人の繋がりをつくりだすことはほとんどない。一方、情報化は、コミュニケーション空間を一気に拡大した。しかし、ケータイにみられるように、コミュニケーションの大半は、取るに足らない情報のやりとりにすぎない。そんな中で、無限の広がりをもつはずのインターネットですら、SNC（電子コミュニティ）などにみられるように、あえて仲間うちで閉じた情報空間を形成しようとする動きが盛んである。また、ホームページやブログは、不特定多数の人々への情報発信手段としては優れているが、そこで得られるアイデンティティは、それほど確かなものではない。したがって、自由な個人主義が絶対だとする価値観の上で、モノと情報の豊富さを前提としてきたこれまでのやり方の延長線上に、外の世界の将来象を描くことは困難な状況になっている。

自由な個人主義を絶対とする外の世界に対して、アーミッシュは、個よりも全体を上位に置く。しかも、モノやエネルギーの転換と情報の取得をコントロールしているので、彼らの社会は全体主義に陥る危険性を孕んでいる。にもかかわらず、アーミッシュがファシズムから無縁でありえるのは、絶対平和主義や謙遜、簡素などの生活信条以外に、非膨張主義ともいえる彼らの組織原理によるところが大きい。強固な信念をもっていながら、他者に対して宗教的勧誘をほとんど行わない彼らの世界は、数百人規模の小さなコミュニティで閉じている。したがって、彼らにとって、全体とは、家族であり、コミュニティである。衣食住を共にする家族の結びつきは強い。また、数十家族が集まって形成されたコミュニティは、すべての人々の顔がわかる大きさである。「他と異なって生きたい」との彼らの思いは、家とコミュニティという小さな組織において、謙虚、簡素を旨とするライフスタイルの中に具現化されている。彼らは、静かな自信をもって、毎日の生活を送っている。それはある種の美意識にまで昇華されていると言ってよいだろう。

しかしながら、彼らも困難に直面している。都市化の中で田園生活を維持することが難しくなってきたのだ。そんな中で、女性の社会進出と仕事の外部化がすすんでいる。農業以外の職業の増加、家事の省力化による余剰時間の増大、女性の社会進出による金銭的ゆとりの増大。このような変化によって、仕事は、次第に、外の世界のように労働へと変質していくのだろうか？　そして彼らのライフスタイルは大きく変化し、アーミッシュは消えてしまうのだろうか？

雑誌“Family Life”には、「悩み相談室」があって、多くの相談が寄せられている。「子供がいじめられているが、親として子供に何をしてやればよいでしょうか？」「娘がくだらない男と結婚したがっているが、どうしたらよいか？」「何でも指示してくる夫は、思い通りに動かないと機嫌が悪くなります。どうしたらよいでしょうか？」……これらから、人間アーミッシュの素顔をかいまみることができる。私たちは、ともすれば、アーミッシュを美化しがちである。確かに、彼らは、世俗的な外の世界の私たちより、はるかに尊敬されるべき人々だ。たとえば、ニッケルマイン校襲撃事件に対して、彼らのとった反応は驚くべきものだった。犯人とその家族を、すぐに赦したアーミッシュは、極限における人間の可能性を私たちの目の前に示してくれた。しかし、アーミッシュが直面している課題を解する鍵は、このように厳しい判断や決意よりも、むしろ、アーミッシュの日常生活の中にこそあるのではないだろうか。彼らが、人間としてあたりまえの悩みを抱えながら毎日を送っている限り、そして、彼らの小規模精神と美意識を失わない限り、アーミッシュは、今後も、アーミッシュであり続けるだろう。

アーミッシュは、非常にゆっくりと近代化をすすめている。一方、外の世界では都市化の見直しが始まっている。少なくとも、これまで自分たちが歩んで来た道が、果たして良かったのかどうかという疑念が、外の世界の人々の心の中にふくらんできた。そして、二〇〇八年末、アメリカのマネーゲームが破綻し、人々の懸念と予感は現実のものとなった。アメリカの後を追ってきたほとんどすべての国々も、同様の混乱と不安の渦中にある。都市化が行き着いた先は、マネーゲームによる社会のカタストロフ化現象であり、犯罪、麻薬汚染が気がつけば私たちの日常生活のすぐそばにまで来ている。実際、不安定な社会の中で孤独にさいなまれ、現実感をもてない青年が、自分を見いだすために、見ず知らずの人々の命を奪うといった事件さえ起こっている。一見、自由で可能性に満ちあふれているように見える現代社会は、真綿のように柔らかく、しかし、絶え間なく、人々を包み込んでくる顔のない巨大な空間のようだ。その圧迫感が、人々の不安を増大させ、さまざまな事件を起こしている。都市化は、また、生産と消費の乖離、生活者意識の限りない希薄化をもたらしている。それは、文字通り、生活力の衰退といえよう。待望されているユビキタス社会も、おそらくその衰退を補完するものでしかないだろう。

これまで、都市化、すなわち、生産と消費の拡大に対しては、資源・環境問題がその拡大を阻む要因として考えられてきた。しかしながら、その前に、現代社会の不安定さが極大となり、生産と消費に急ブレーキをかけている。したがって、安定と持続可能の観点から、外の世界の社会システムのあり様を再考する必要がある。その際、アーミッシュの数百年におよぶ実践は、参考になるに違いない。小規模組織に関しては、幸いにも、家族はまだ完全には解体してはいないし、地域再生の試みも各地で盛んに行われている。また、個人のレベルでは、生産と消費の仕方、すなわち、ライフスタイルを二一世紀にふさわしいものにつくりかえていく必要があるだろう。そして、外の世界の社会が持続していくためには、組織には自律機能、個人には自主管理能力の回復が必須である。

アーミッシュは、外の世界の私たちを映す鏡である。左右は逆だが、上下は同じだ。彼らは、生産と消費の両方に携わり、生活者として自分たちの足場を固めながら、注意深く生活を変化させてきた。もし、今後、私たちが、日常生活において、アーミッシュのように徳と品格を身につけることができるならば、二〇世紀の抵抗者アーミッシュと外の世界のポストモダンとは、この二一世紀に、案外、近づいてゆくのかも知れない。

【著者】
ドナルド・B・クレイビル（Donald B. Kraybill）

1945年、アメリカ・ペンシルバニア州生まれ。社会学者。1967年、イースタン・メノナイト大学卒業。1975年、テンプル大学でPh. D取得。現在、エリザベスタウン・カレッジ（ペンシルバニア州）社会学教授。アーミッシュを中心にアナバプテストに関する多数の論文や著書を著している。

主要な著書には以下のものがある。

"The Puzzles of Amish Life", Good Books, Intercourse, Pennsylvania, 1990 ; "The Amish and the State", Johns Hopkins University Press, Baltimore & London, 1993 ; "Amish Enterprise", Johns Hopkins University Press, Baltimore & London, 1995 ; "Amish Grace: How Forgiveness Transcended Tragedy", John Wiley & Sons, Inc., San Francisco, 2007

【訳者】
杉原 利治（すぎはら・としはる）

1947年岐阜県生まれ。京都大学工学部卒業。同大学院、ハーバード大学医学部を経て、現在、岐阜大学教授（環境情報論）。工学博士。

E-mail; chisei@gifu-u.ac.jp

主な著訳書には以下のものがある。

『家庭廃棄物を考える』（昭和堂、1991、共著）、『アーミッシュの謎』（論創社、1996、共訳）、『21世紀の情報とライフスタイル』（同、2001）、『アーミッシュの学校』（同、2004、共訳）など。主な論文に、"Environmental-Concerned Lifestyle and Information-Comparative Study of Amish and Modern Society-"、地球環境研究 No.53, 2002、「マオリプロバイダーと持続可能性」、日本ニュージーランド学会誌 14巻、2007 など。

大藪 千穂（おおやぶ・ちほ）

1962年京都市生まれ。ノートルダム女子大学文学部卒。大阪市立大学大学院を経て、現在、岐阜大学准教授（生活経済学）。学術博士。

E-mail; chiho@gifu-u.ac.jp

主な著訳書には以下のものがある。

『アーミッシュの謎』（論創社、1996、共訳）、『アーミッシュの学校』（同、2004、共訳）、『お金と暮らしの生活術』（昭和堂、2006）、『仕事・所得と資産選択』（放送大学教育振興会、2008）など。主な論文に、「アーミッシュの教科書分析1～5」，岐阜大学教育学部研究報告（2001-2007）、「アーミッシュの家庭誌"Family Life"のレシピ分析」（日本家政学会誌 No.10, 2007）など。

アーミッシュの昨日・今日・明日

2009年5月15日　初版第1刷印刷
2009年5月25日　初版第1刷発行

著　者　ドナルド・B・クレイビル
訳　者　杉原利治・大藪千穂
発行者　森下　紀夫
発行所　論　創　社
東京都千代田区神田神保町 2-23　北井ビル
tel. 03（3264）5254　fax. 03（3264）5232
http://www.ronso.co.jp/
振替口座 00160－1－155266
印刷・製本　中央精版印刷

ISBN978－4－8460－0511－5　C0016　Printed in Japan